EL LIBRO DE
APOCALIPSIS
SIMPLIFICADO

EL LIBRO DE
APOCALIPSIS
SIMPLIFICADO

Usted *Puede* Entender
la Profecía Bíblica

Kenneth L. Gentry, Jr., Doctor en Teología

AMERICAN VISION PRESS
POWDER SPRING, GEORGIA

EL LIBRO DE APOCALIPSIS SIMPLIFICADO
Usted *Puede* Entender la Profecía Bíblica
Edición en español traducida y publicada por One More International
Página web: www.onemoreinternational.org
© 2024

El texto bíblico ha sido tomado de la versión Reina-Valera © 1960 Sociedades Bíblicas en América Latina; © renovado en 1988, Sociedades Bíblicas Unidas. Utilizado con permiso.

El diseño de la portada de esta edición en español fue hecha por Juan Vásquez, schjjv@msn.com y el diseño del interior fue hecho por Michelle Recio, michirecioa@gmail.com

ISBN Impreso: 978-1-960428-39-4
ISBN E-libro: 978-1-960428-40-0

Dedicado a
Steve Hill
Un fiel servidor de Cristo.
Un buen amigo para mí

Tabla de Contenidos

PREFACIO A LA SEGUNDA EDICIÓN 11
PREFACIO 13
ABREVIATURAS DE ESCRITOS ANTIGUOS 15

1 Expectativa e interpretación 17
LA EXPECTATIVA DE JUAN...18
LA INTERPRETACIÓN DE JUAN 23
LA CONFIRMACIÓN DE JUAN..31

2 Tema y fluir literario 35
TEMA LITERARIO 35
FLUJO TEMÁTICO DEL JUICIO 49

3 La bestia y su furia... 57
EL TIEMPO DE LA BESTIA 58
LA UBICACIÓN DE LA BESTIA 59
LA AUTORIDAD DE LA BESTIA 60
LA CRONOLOGÍA DE LA BESTIA 61
EL CARÁCTER DE LA BESTIA 62
EL NÚMERO DE LA BESTIA 64
LA ACCIÓN DE LA BESTIA 67
EL RESURGIMIENTO DE LA BESTIA 69

4 La Ramera y la Novia 73
EL TEMA DEL APOCALIPSIS...73
LA GRAN CIUDAD...75
LA SANGRE DE LA SANTA 77
EL ATUENDO DE LA RAMERA..80
EL PATRÓN DE LOS NOMBRES...83
EL CONTRASTE LITERARIO 86

5 Juicios Claves y su Significado...................................... 91
LA CAÍDA DE LAS MONTAÑAS Y LAS CUEVAS OCULTAS 93
LA SANGRE QUE FLUYE Y LAS BRIDAS DE LOS CABALLOS.............100

6 El Milenio y las Resurrecciones.................................... 103
EL REINO MILENARIO 103
LAS DOS RESURRECCIONES 113

7 La Nueva Creación y la Iglesia............................... *123*
   La Nueva Creación Declarada 124
   La Nueva Novia Descrita 126
Conclusión 135
Bibliografía 141

Créditos

Un agradecimiento especial para Tiny y Tae Ja Masters por su constante interés en la obra del Señor en América Latina y por su ayuda económica, la cual permitió llevar a cabo la traducción de este libro, cuyo contenido puede ser de gran instrucción para los lectores hispanohablantes. Que Dios retribuya tanta generosidad en su vida personal y en la de sus familias.

Un agradecimiento especial a Roxana Arias Jiménez, por su labor de traducción y edición del libro del inglés al español.

Por último, otro agradecimiento especial a Michelle Recio Arias, por su trabajo en el formato del libro.

¡Dios es fiel!

Prefacio a la segunda edición

Estoy agradecido por la entusiasta acogida que tuvo la primera edición de *The Book of Revelation Made Easy*. También estoy muy agradecido por la buena disposición de American Vision para publicar esta nueva edición. En este nuevo Prefacio, presentaré una explicación muy breve de por qué era necesaria una versión editada.

Tras cinco años de intensa investigación y redacción, acabo de concluir el borrador de mi comentario de 1500 páginas sobre el Apocalipsis. Dado que ya he estudiado este libro versículo por versículo y con gran profundidad, he descubierto algunos elementos en mi comprensión previa que necesitaban corrección. En concreto, he introducido algunos cambios importantes en mi comprensión de Apocalipsis 20, el gran capítulo en torno al cual gira el debate milenario. Así que he tenido que corregir el capítulo 6 de mi primera edición, «El Milenio y la Nueva Creación».

Como era necesario aportar más material a la discusión de Apocalipsis 20, decidí dividir el capítulo 6 de la primera edición en dos capítulos. Entonces, en esta edición, el capítulo 6 se titula ahora: «El Milenio y las Resurrecciones», mientras que el capítulo 7 aparece ahora como: «La Nueva Creación y la Iglesia».

Ninguna de mis convicciones preteristas se ha visto alterada por estos cambios; de hecho, se han fortalecido. Si usted leyó la primera edición de *El libro del Apocalipsis Simplificado,* espero que encuentre útiles los cambios aquí realizados.

Kenneth L. Gentry, Jr., Doctor en Teología
Día del Trabajo, 2010

Prefacio

En *El Diccionario del Diablo*, Ambrose Bierce definió el «Apocalipsis» como un famoso libro en el cual San Juan ocultó todo lo que sabía. La revelación la hacen los comentaristas que no saben nada». El Apocalipsis es tan difícil y requiere tantos conocimientos técnicos que un teólogo se ha quejado de que los comentarios sobre este libro suelen ser como un agujero negro: son tan densos que ninguna luz puede escapar de ellos.

Una de las grandes ironías de la Escritura es que su libro más difícil se llama «Apocalipsis». Revelar significa "descubrir, abrir", con vistas a la comprensión. ¿Cómo puede llamarse «Revelación, en inglés » un libro tan desconcertante? Si tuviéramos que ponerle un nombre al libro, en lugar de llamarlo «La Revelación de Jesucristo», podríamos estar tentados a titularlo «El Misterio de Juan el Apóstol». De hecho, el propio Juan se muestra perplejo y confuso de vez en cuando (Ap 7:13-14; 17:6-7; 19:10; 22:8-9).

Una de las continuas sorpresas de la experiencia pastoral es el profundo interés del nuevo converso por estudiar el Apocalipsis. La fascinación por los misterios de este libro no se limita a los bien instruidos en el estudio cristiano, quienes están preparados para las cosas más profundas de Dios, esa curiosidad llega hasta el creyente más reciente en Cristo.

Una de las grandes decepciones del exégeta cristiano serio es la avalancha de literatura sobre el Apocalipsis que prácticamente carece de valor. Cuando combinamos la naturaleza misteriosa de este libro con la continua fascinación por él, el mercado está preparado para generar todo tipo de aspirantes a «expertos en profecía» para satisfacer la demanda. En lugar de alimentarse con la leche sincera de la Palabra, el nuevo cristiano recibe con demasiada frecuencia un batido de enfoques confusos del Apocalipsis.

En este pequeño estudio, usted descubrirá las claves absolutamente esenciales para desentrañar el mensaje de Juan, los postes guía necesarios para seguir su sinuoso camino y las identificaciones requeridas para discernir sus figuras clave y sus funciones. No ofreceré una exposición completa del texto, sino que me centraré en las claves necesarias para descifrar su significado.[1] Espero que este tratado introductorio le ayude a comprender el significado fundamental y la orientación general del Apocalipsis, pues solo entonces estará preparado para abordar una exposición detallada del texto.

> Kenneth L. Gentry, Jr., Th.M., T
> Autor, *Before Jerusalem Fell*
> Director, GoodBirth Ministries

---

[1] Actualmente estoy trabajando en un comentario grande y académico sobre el Apocalipsis, tentativamente titulado: *The Divorce of Israel: A Redemptive-Historical Interpretation of the Book of Revelation*. En ese trabajo, estaré dando un minucioso análisis verso por verso del libro entero.

Abreviaturas de Escritos Antiguos

Asc. Isa.   *Ascensión de Isaías*
1 Clem.   *Clemente 1*
Sib. Or.   *Oráculos Sibilinos*

Dio Casio
Rom. Hist.   *Historia Romana*

Josefo
Ag. Ap.   *Contra Apión*
Ant.   *Antigüedades Judías*
War   *Guerra Judía*

Juvenal
Sat.   *Sátiras*

Filón
Embajada   *Sobre la Embajada a Cayo*

Filóstrates
Vit.   *Vita Apollonii (Vida de Apolonio)*

Plinio
Nat. Hist.   *Historia Natural*

Suetonio
Vidas   *Vidas de los Doce Césares*
Nero   *Nerón*
Vesp.   *Vespasiano*

Tácito
Ann.   *Anales*
Hist.   *Las Historias*

1
Expectativa e interpretación

En este capítulo presentaré dos aspectos vitales y fundamentales para comprender adecuadamente el Apocalipsis. En el capítulo siguiente, me centraré en el tema de Juan y, a continuación, trazaré a grandes rasgos, cómo se desarrolla su tema en el Apocalipsis. En consecuencia, mis dos primeros capítulos están diseñados para proporcionar las herramientas básicas para manejar el Apocalipsis.

Las dos cuestiones cruciales para comprender el significado de Juan son: *(1)* su expectativa declarada sobre *cuándo* se cumplirán sus profecías, y *(2)* su *método declarado* sobre *cómo* deben interpretarse sus profecías. Como veremos, estas cuestiones son absolutamente esenciales para "manejar con exactitud" esta porción de la palabra de verdad. (2 Ti 2:15) Y aunque puedan sorprenderle, lo insto a que "examine las Escrituras para ver si estas cosas son así". (Hc 17:11)

Asombrosamente, ambos asuntos se encuentran en el capítulo inicial de Juan. No están escondidos detrás de todo el drama fantástico, perdidos en el resplandor de las imágenes sorprendentes. Por desgracia, el moderno entusiasta del Apocalipsis tiende a pasarlos por alto en su deseo de "llegar a lo bueno" en los capítulos posteriores. Pero una vez que se consideren detenidamente estas dos cuestiones, ambas simplificarán y revolucionarán su comprensión de este libro, el cual entonces se convertirá verdaderamente para usted en una «revelación».

LA EXPECTATIVA DE JUAN

Antes de declarar realmente la expectativa de Juan, construiré mi caso para descubrirla apropiadamente.

El Apocalipsis, como la mayoría de las epístolas del Nuevo Testamento, es «ocasional». Un escrito ocasional trata directamente de la ocasión histórica y las circunstancias de la audiencia original. Por ejemplo, en 1 Corintios, Pablo orienta a la iglesia de Corinto sobre cómo manejar los diversos problemas que han azotado a su comunidad. Cuando escribe que alguien allí tiene a la mujer de su propio padre (1 Co 5:1), no está declarando un principio universal que prevalezca en todas las iglesias. De hecho, se trata de un hecho bastante raro, propio de los corintios. Comprender la situación histórica de la audiencia original de Juan es de importancia fundamental para entender *su* significado.

Relevancia de la audiencia

El primer paso para llegar al significado de Juan es reconocer quién era su audiencia. Como veremos, el Apocalipsis se dirige claramente a un pueblo concreto.

Las iglesias a las que se dirige

En el Apocalipsis, Juan está escribiéndoles una carta (véase Ap 2-3) a quienes él conocía y de una manera que enfatiza sus peculiares circunstancias históricas. Realmente debemos ponernos en las sandalias de su audiencia original para sentir toda la fuerza de su enseñanza. Juan nombra específicamente las comunidades eclesiales a las que envía el Apocalipsis:

> Juan a las siete iglesias que están en Asia: Gracia y paz a vosotros, del que es y que era y que ha de venir; y de los siete Espíritus que están delante de su trono. (Ap 1:4)

> Escribe en un libro lo que ves y envíalo a las siete Iglesias: a Éfeso, a Esmirna, a Pérgamo, a Tiatira, a Sardis, a Filadelfia y a Laodicea. (Ap 1:11)

No solo conocemos estas ciudades por fuentes antiguas, sino que incluso sabemos que el orden en que aparecen en el Apocalipsis sigue una ruta postal romana conocida.[1] Se trata de ciudades históricas que contienen iglesias históricas del siglo I.

En los capítulos dos y tres, Juan les dirige breves cartas a cada una de ellas. En esas cartas descubrimos numerosas alusiones históricas, geográficas, políticas, culturales y religiosas que encajan perfectamente con lo que sabemos de esas regiones.[2] Se trata de cristianos reales del siglo I. *Debemos* tenerlo en cuenta.

Las iglesias afligidas

Juan no solo les escribe a iglesias reales del siglo I, sino también a iglesias que están pasando por grandes sufrimientos. También descubrimos este hecho en el primer capítulo:

> Yo, Juan, *vuestro hermano y copartícipe de la tribulación* y del reino y de la perseverancia que son en Jesús, estaba en la isla llamada Patmos, a causa de la palabra de Dios y del testimonio de Jesús. (Ap 1:9)

De hecho, a lo largo de todo el Apocalipsis discernimos un tema de martirio muy acorde con su "tribulación" y su necesidad de "perseverancia" (por ejemplo, Ap 2:9-10; 3:9-10; 6:9-11; 11:7-8, 11-13, 18; 12:10; 13:10; 14:11-13; 16:5-6; 17:6; 18:20, 24; 19:2; 20:4, 6). Estas personas están sufriendo grandemente. Por ejemplo, más adelante en el capítulo 6, nos enteramos de las bendiciones especiales de Dios sobre aquellos que realmente han sido asesinados por su fe:

> Y cuando rompió el quinto sello, vi debajo del altar las almas de los que habían sido muertos por causa de la palabra de Dios, y por el testimonio que habían mantenido; y clamaban a gran voz, diciendo: "¿Hasta cuándo, Señor, santo y verdadero, te abstendrás de juzgar y vengar nuestra sangre en los que moran en la tierra?". Y se les dio a cada uno de ellos una túnica blanca; y se les dijo que debían descansar un poco más, hasta que se completase también el número de sus consiervos y de sus hermanos que habían de ser muertos como ellos. (Ap 6:9-11)

---

[1] Ramsey, *Letters to the Seven Churches*, cap. 15.
[2] Hemer, *Letters to the Seven Churches of Asia.*

Así pues, Juan no solo les escribe a determinadas iglesias del siglo I, sino a iglesias en circunstancias calamitosas. ¿Qué espera Juan de estas iglesias sufrientes cuando escribe su Apocalipsis?

Las iglesias instruidas

Cuando Juan abre su carta a estas siete iglesias, declara enfáticamente que pretende que lo entiendan. De hecho, el versículo inicial (una parte del cual se convierte en el título por el que conocemos el libro) dice:

> La *Revelación* de Jesucristo, que Dios les dio para *mostrarla* a *sus siervos*... y la envió y *comunicó* por medio de su ángel a su siervo Juan. (Ap 1:1)

Él afirma expresamente que su intención es «revelar», «mostrar», «comunicar» algo, no ocultarles información.

Dos versículos más adelante, les ordena que escuchen con entendimiento para que puedan cumplir las obligaciones que se encuentran en su libro:

> Bienaventurado el que lee, y los que *oyen* las palabras de la profecía, y *prestan atención a* lo que en ella está escrito. (Ap 1:3a)

Deben "oír" y "prestar atención", lo que obviamente requiere que comprendan.

Así que Juan les escribe a las iglesias originales del siglo I que están sufriendo, para darles directrices *que* deben entender y poner en práctica. Como veremos, esto se convierte en una prueba crucial para comprender la expectativa de Juan.

Expectativa contemporánea

Llegamos ahora quizá al asunto más importante para interpretar correctamente el Apocalipsis. Creo que para entender este libro hay que empezar por sus tres primeros versículos. Juan les informa expresamente a sus lectores de *que espera que los acontecimientos profetizados ocurran pronto*. Observemos tres ángulos que subrayan su *preocupación contemporánea*.

EXPECTATIVA E INTERPRETACIÓN

Expresiones variadas de Juan

Juan utiliza dos términos cuando habla de su expectativa temporal: "dentro de poco" (del griego, *en tachei*) y "cerca" (*del griego, engus*). Si, por alguna razón, su audiencia original no podía entender un término, tenía otro cerca para dilucidarlo.

La palabra traducida «en breve» aparece como explicación de lo que les escribió:

> La Revelación de Jesucristo, que Dios le dio *para mostrar a sus siervos las cosas que deben suceder pronto*; y la envió y comunicó por medio de su ángel a su siervo Juan. (Ap 1:1)

Le ruego: Revise *cualquier* traducción inglesa moderna, consulte su versión favorita y descubrirá que todas hablan de cercanía temporal. Este término también aparece más adelante en Apocalipsis 2:16; 3:11; y 22:6.

La palabra traducida "cerca" sigue rápidamente al otro término, solo dos versículos después y, una vez más, Juan expresa la proximidad de los acontecimientos como la razón misma por la que les escribe:

> Bienaventurado el que lee, y los que oyen las palabras de la profecía, y prestan atención a lo que en ella está escrito; *porque el tiempo está cerca*. (Ap 1:3)

Esta palabra suele referirse a acontecimientos cercanos en el tiempo, como la proximidad de la Pascua (Mt 26:18), la llegada del verano (Mt 24:32) y una festividad que pronto ocurrirá. (Jn 2:13) Otra vez, consulte cualquier versión moderna; los resultados serán los mismos.

Si no está seguro de uno de los términos ¡entonces tiene otro! Estos términos se apoyan mutuamente: que algo vaya a suceder «pronto» significa que está «cerca» y solo un versículo los separa. Exigen claramente que los acontecimientos del Apocalipsis sean inminentes cuando Juan escribe. Piénselo: ¿De qué otra manera podría Juan haber declarado que los acontecimientos estaban cerca? Utiliza dos de las palabras más comunes, familiares y claras que expresan proximidad temporal.

Ahora recuerde nuestros comentarios anteriores: Juan está escribiéndoles a iglesias reales e históricas del primer siglo que están sufriendo una penosa "tribulación". ¿Está Juan burlándose de estos hombres y mujeres que están bajo tales pruebas usando términos familiares que hablan de proximidad temporal? De fijo que no. Los está ministrando y espera que entiendan y actúen según sus directrices, porque el tiempo está cerca. (Ap 1:3)

APERTURA	CIERRE
La Revelación de Jesucristo, que Dios le dio *para mostrar a sus siervos las cosas que deben suceder pronto;* y la envió y comunicó por medio de su ángel a su siervo Juan. (Ap 1:1)	Y él me dijo: «Estas palabras son fieles y verdaderas»; y el Señor, el Dios de los espíritus de los profetas, envió a Su ángel *para mostrar a Sus siervos las* cosas que deben suceder pronto. (Ap 22:6)
Bienaventurado el que lee y los que oyen las palabras de la profecía y prestan atención a lo que en ella está escrito, *porque el tiempo está cerca.* **(Ap 1:3)**	Y me dijo: «No selles las palabras de la profecía de este libro, porque el *tiempo* está cerca». (Ap 22:10)

La ubicación estratégica de Juan

No solo emplea dos términos muy comunes y claros que expresan la proximidad temporal, sino que los coloca tanto en su comentario *inicial* como en el *final*. Para nosotros, aparecen en su introducción y en su conclusión. Le expresa sus expectativas al público al entrar en el libro y al salir de él. Literalmente, los hace entrar y salir.

Esto adquiere mayor relevancia cuando nos damos cuenta de que estos indicadores temporales aparecen *antes* y *después de* las visiones difíciles. No están en las secciones simbólicas, donde podríamos preguntarnos si requieren reglas de interpretación especiales. Por el contrario, se encuentran en las partes claras, directas y didácticas del Apocalipsis.

La instrucción significativa de Juan

Los eruditos reconocen una relación literaria entre el Apocalipsis y Daniel, siendo Daniel una de las principales fuentes de la imaginería y el pensamiento de Juan. En ambos libros, un ángel se le aparece al escritor. Curiosamente, aunque utiliza un lenguaje muy similar, el ángel instruye a Juan para que actúe exactamente al contrario que Daniel. Estas directrices contrarias surgen de los lugares tan separados de la historia en los que se encuentran Juan y Daniel. Nótese la similitud literaria de las órdenes, pero sus acciones históricas opuestas:

| **Pero en cuanto a ti, Daniel, oculta estas palabras y sella el libro hasta el fin de los tiempos. (Dn 12:4)** | **Y me dijo: «No selles las palabras de la profecía de este libro, porque el tiempo está cerca». (Ap 22:10)** |

Daniel vivió varios cientos de años antes que Juan y el ángel le ordenó "sellar el libro". Pero mucho más tarde en la historia, un ángel similar le ordenó a Juan (quien escribía una obra apocalíptica similar) que *no* sellara el libro, "porque el tiempo está cerca". (Ap 22:10) ¿Qué puede ser más claro? Las expectativas de Daniel son a largo plazo; las de Juan, a corto plazo.

Al fin y al cabo, Juan escribe el Apocalipsis anticipándose a los acontecimientos que se avecinan en su propia época. No está escribiendo sobre acontecimientos que ocurrirán dentro de dos o tres mil años. Se estaría burlando despiadadamente de su audiencia original del siglo I que está sufriendo graves tribulaciones y a la que se le dice que los juicios divinos sobre los malhechores están "a punto de cumplirse" o "cerca".

Nuestra comprensión de la idea central del Apocalipsis; por lo tanto, debe ser «preterista» en lugar de "futurista". El "Preterismo" se basa en la palabra latina *praeteritus*, que significa "pasado". El enfoque preterista del Apocalipsis enseña que Juan estaba profetizando acontecimientos futuros a su propio tiempo, pero que ahora están en nuestro pasado. El futurismo enseña que todos los acontecimientos del Apocalipsis (a partir del capítulo 4) están todavía en nuestro futuro. Como veremos, las catástrofes que Juan anticipa encajan perfectamente con las circunstancias históricas del siglo I.

LA INTERPRETACIÓN DE JUAN

Otro problema que hace tropezar al aspirante a intérprete moderno es la presunción de literalismo al abordar el Apocalipsis. Demasiados estudiantes contemporáneos de profecía se resisten al enfoque simbólico de la gloriosa profecía de Juan. "¡Literalismo!" se convierte en el grito de guerra de quienes creen que el Apocalipsis se encuentra en nuestro futuro próximo.

Me gustaría señalar que, a pesar de la afirmación popular del literalismo, *nadie toma el Apocalipsis literalmente*. Sin duda, lo tomamos como la verdad de Dios. Ciertamente trata de hechos históricos, pero *no podemos* tomarlo como la verdad de Dios *en forma literal*. Veamos por qué.

Al interpretar *cualquier* obra literaria, siempre debemos escuchar atentamente al propio autor, especialmente si nos proporciona información que afecte al enfoque adecuado para interpretar su obra. Ciertamente, el Apocalipsis se considera el libro del Nuevo Testamento más difícil de interpretar. Dado el interés generalizado por el Apocalipsis, esto agrava las dificultades para presentar el mensaje de Juan en el contexto moderno. En consecuencia, la metodología hermenéutica se convierte en una preocupación primordial para el aspirante a intérprete. Curiosamente, en su Evangelio, Juan muestra el problema del literalismo entre los primeros oyentes de Cristo: al pensar de forma rígidamente literal, malinterpretan las enseñanzas de Jesús sobre el templo (Jn 2:19-22), nacer de nuevo (3:3-10), beber agua (4:10-14), comer su carne (6:51-56), ser libre (8:31-36), ser ciego (9:39-40), dormirse (11:11-14) y su condición de rey (18:33-37). Este problema se agrava en el Apocalipsis por su rico campo de imágenes.

Pistas interpretativas

Como he mostrado, el Apocalipsis se abre con poderosas afirmaciones que declaran el cumplimiento a corto plazo de sus profecías. Asimismo, en el primer capítulo encontramos las primeras pistas sobre el método de presentación de Juan. En concreto, les informa a sus lectores de la naturaleza simbólica de sus visiones y les explica cómo deben transponerlas para comprender lo que quiere decir.

Anuncio inicial de Juan

Juan no pierde tiempo en advertirles a sus lectores de su enfoque simbólico. En la primera frase, declara:

EXPECTATIVA E INTERPRETACIÓN

La Revelación de Jesucristo, que Dios le dio para mostrar a sus siervos las cosas que deben suceder pronto; y la envió y comunicó por medio de su ángel a su siervo Juan. (Ap 1:1)

Aquí nos informa de que el Apocalipsis se da «para mostrar» (*del griego, deixai*) el mensaje «significado» (*del griego, esēmanen*) por su ángel. (Ap 1: 1)

Como señala Friedrich Düsterdieck: «El *deixai* se produce en la forma peculiar de *sēmainein*, es decir, la indicación de lo que significan las figuras significativas»[3] De hecho, cuarenta y un veces Juan dice que «ve» estas profecías (por ejemplo, Ap 1:12, 20; 5:6; 9:1; 20:1). El comentarista premilenial Robert Mounce observa a este respecto:

> Se dice que la revelación se le comunicó a Juan. El verbo griego conlleva la idea de representación figurativa. En sentido estricto, significa dar a conocer mediante algún tipo de signo. (Hort, p. 6) Por lo tanto, se adapta admirablemente al carácter simbólico del libro. Esto debería advertirle al lector que no espere una presentación literal de la historia futura, sino una representación simbólica de lo que aún debe suceder.[4]

Juan anima a sus lectores a esperar símbolos figurativos más que acontecimientos literales.

La revelación inicial de Juan

De hecho, la primera visión de Juan marca la pauta de la interpretación simbólica posterior al presentar una visión e interpretar sus elementos clave de forma no literal. En Apocalipsis 1:12-20, recoge una visión de Cristo caminando entre candelabros. Según el supuesto literalista, la visión debería estar enseñando que el Señor camina entre candelas en el cielo.

Sin embargo, Juan no lo permite. En el versículo 20, Jesús interpreta la visión para nosotros:

> En cuanto al misterio de las siete estrellas que has visto en mi mano derecha, y los siete candeleros de oro: las siete estrellas son los ángeles

---

[3] Düsterdieck, *Revelation*, 96.
[4] Mounce, *Revelation*, 65.

de las siete iglesias, y los siete candeleros son las siete iglesias. (Ap 1:20)

Entonces, aunque Juan mismo vio realmente siete estrellas y siete candeleros, las estrellas representan «los ángeles de las siete iglesias» y los candeleros «las siete iglesias». Esto es lo que enseña el propio Juan; no podemos descartar esta importante pista para la interpretación simbólica.

La práctica continua de Juan

Es más, Juan no nos proporciona simplemente una muestra de su método simbólico. Varias veces en el Apocalipsis, se detiene para ofrecer una visión interpretativa de las visiones.

En Apocalipsis 5, Juan ve un cordero con siete ojos. Incluso el literalista más ingenuo reconoce que este Cordero representa a Cristo el Señor, pues se le llama (¡no literalmente!) "el León que es de la tribu de Judá, la Raíz de David". (Ap 5:5) Después de todo, los ángeles del cielo cantan su alabanza como Redentor del pueblo de Dios (5:9-10) y como glorioso por su obra. (5:12) En el versículo siguiente, se le alaba por igual con Dios Padre. (5:13) En Apocalipsis 14, el nombre del Cordero se asocia al de Dios en los elegidos de Dios. (14:1)

Juan también proporciona directrices interpretativas sobre una de las características más inusuales de la visión del Cordero. Explica los «siete ojos»:

> Y vi entre el trono (con los cuatro seres vivientes) y los ancianos un Cordero en pie, como inmolado, que tenía siete cuernos y siete ojos, *que son los siete Espíritus de Dios*, enviados por toda la tierra. (Ap 5:6)

Los siete ojos de la visión no significan que el Cordero tenga literalmente siete globos oculares en la cabeza. Juan mismo nos lo dice.

A pesar de que Juan habla de «incienso» en las copas de los ángeles en el cielo, redirige nuestra comprensión. Él dice claramente que el incienso que Juan vio realmente representaba las "oraciones de los santos":

> Y cuando hubo tomado el libro, los cuatro seres vivientes y los veinticuatro ancianos se postraron delante del Cordero, teniendo cada

uno un arpa y copas de oro llenas de incienso, que son las oraciones de los santos. (Ap 5:8)

En Apocalipsis 17:7, 9-10, el ángel intérprete aclara la confusión de Juan señalando que una imagen representa en realidad dos realidades totalmente distintas:

> El ángel me dijo: "¿Por qué te asombras? Te diré el misterio de la mujer y de la bestia que la lleva, que tiene las siete cabezas y los diez cuernos. . . . Aquí está la mente que tiene sabiduría. Las siete cabezas son siete montes sobre los que está sentada la mujer, y son siete reyes; cinco han caído, uno es, el otro aún no ha venido; y cuando venga, debe permanecer un poco de tiempo". (Ap 17:9-10)

Así que las siete cabezas no solo *no* representan siete cabezas *literales* en una bestia *real*, sino que simbolizan otras *dos* realidades: siete montes *y* siete reyes.

¿Y qué diremos de los cuernos de la bestia? No son cuernos en absoluto, aunque algunos mamíferos poseen cuernos formados por un núcleo óseo cubierto por una vaina de material queratinoso. El ángel intérprete interpreta esto para Juan y para nosotros:

> Y los diez cuernos que has visto son diez reyes, que aún no han recibido reino, pero reciben autoridad como reyes con la bestia durante una hora. (Ap 17:12)

Incluso el agua que ve Juan no debe entenderse como referida al H_2O. Más bien, explica el ángel:

> Y me dijo: "Las aguas que has visto donde está sentada la ramera, son pueblos y muchedumbres y naciones y lenguas". (Ap 17:15)

Como vemos, Juan nos proporciona suficientes muestras explicativas para interpretar el Apocalipsis como para poder declarar categóricamente que el libro *no* debe interpretarse según los principios del literalismo.

Los absurdos literalistas de Juan

Incluso si dejamos de lado el anuncio inicial del propio Juan sobre la naturaleza simbólica de su profecía, la explicación de su primera visión y su práctica interpretativa en otras partes del Apocalipsis, deberíamos evitar el literalismo basándonos en el sentido común. Consideremos los siguientes absurdos que se derivarían del enfoque literalista.

Deberíamos esperar ángeles extraños y bastante grotescos en el cielo:

> También delante del trono había lo que parecía un mar de vidrio, claro como el cristal. En el centro, alrededor del trono, había cuatro seres vivientes, y estaban cubiertos de ojos, por delante y por detrás. (Ap 4:6)

Y esto a pesar del hecho de que cuando los hombres realmente ven ángeles en la tierra, pueden ser confundidos con humanos (por ejemplo, Gn 19:1, 5; Dn 9:21).

Aunque Juan ve realmente un cordero en algunas de sus visiones, sabemos que no nos está enseñando literalmente las acciones de un mamífero del género *Ovis* de la familia *Bovidae*.

> Entonces vi un Cordero, con aspecto de haber sido inmolado, de pie en el centro del trono, rodeado por los cuatro seres vivientes y los ancianos. Tenía siete cuernos y siete ojos, que son los siete espíritus de Dios enviados a toda la tierra. (Ap 5:6)

Ya he señalado anteriormente en este capítulo que este "Cordero" es en realidad adorado y alabado como el Redentor del pueblo de Dios.

Tampoco debemos esperar un tiempo en el futuro en el que el mundo sea testigo de un asalto global por cuatro jinetes literales, cada uno montado en un *Equus caballus*:

> Miré mientras el Cordero abría el primero de los siete sellos. Entonces oí a uno de los cuatro seres vivientes decir con voz de trueno: «¡Ven!». Miré, y ante mí había un caballo blanco. Su jinete llevaba un arco y una corona, y cabalgaba como un conquistador empeñado en conquistar. Cuando el Cordero abrió el segundo sello, oí al segundo ser viviente decir: "¡Ven!". Entonces salió otro caballo, rojo fuego. A su jinete se le dio poder para quitar la paz de la tierra y hacer que los hombres se mataran unos a otros. A él le fue dada una gran espada. Cuando el Cordero abrió el tercer sello, oí al tercer ser viviente decir: "¡Ven!". Miré, y ante mí había un caballo negro. Su jinete llevaba un par de escamas en la mano. Entonces oí lo que parecía una voz entre los cuatro seres vivientes, que decía: "¡Un cuartillo de trigo por un jornal, y tres cuartillos de cebada por un jornal, y no dañéis el aceite ni el vino!". Cuando el Cordero abrió el cuarto sello, oí la voz del

cuarto ser viviente que decía: "¡Ven!. Miré, y ante mí había un caballo pálido. Su jinete se llamaba Muerte, y Hades le seguía de cerca. Se les había dado poder sobre la cuarta parte de la tierra para matar con espada, hambre y peste, y con las fieras de la tierra". (Ap 6:1-8)

En otra parte del Apocalipsis, Juan habla de hombres que lavan sus ropas con sangre para blanquearlas:

> Y dijo: "Estos son los que han salido de la gran tribulación; han lavado sus ropas y las han emblanquecido en la sangre del Cordero". (Ap 7:14)

¿Y qué diremos de las langostas que ve?

> Y el aspecto de las langostas era como de caballos preparados para la batalla; y sobre sus cabezas, como coronas semejantes al oro, y sus rostros como rostros de hombres. (Ap 9:7)

¿O de los caballos y sus jinetes?

> Y así es como vi en la visión los caballos y los que estaban sentados sobre ellos: los jinetes tenían corazas del color del fuego y del jacinto y del azufre; y las cabezas de los caballos son como cabezas de leones; y de sus bocas sale fuego y humo y azufre. (Ap 9:17)

¿Realmente esperamos que un dragón literal de múltiples cabezas derribe un tercio de los trillones de estrellas del Universo, arrojándolas sobre la tierra?

> Entonces apareció otra señal en el cielo: un enorme dragón rojo con siete cabezas y diez cuernos y siete coronas sobre sus cabezas. Su cola barrió del cielo un tercio de las estrellas y las arrojó a la tierra. El dragón se puso delante de la mujer que estaba a punto de dar a luz, para devorar a su hijo en el momento en que naciera. (Ap 12:3-4)

Según el enfoque literalista ¿quién es la mujer alada que está de pie sobre la luna? ¿Y la serpiente que vomita un río de agua?

> A la mujer le fueron dadas las dos alas de una gran águila, para que volara al lugar preparado para ella en el desierto, donde sería cuidada por un tiempo, tiempos y medio tiempo, fuera del alcance de la serpiente. Entonces la serpiente arrojó de su boca agua como un río, para alcanzar a la mujer y arrastrarla con el torrente. (Ap 12:14-15)

¿Se parecerá literalmente la temida bestia de Juan a un compuesto de tres representantes del orden de los mamíferos *Carnivora*?

> La bestia que vi se parecía a un leopardo, pero tenía patas de oso y boca de león. (Ap 13:2a)

¿Es literal la segunda bestia que ve Juan?

> Entonces vi otra bestia que salía de la tierra. Tenía dos cuernos como de cordero, pero hablaba como dragón. (Ap 13:11)

¿Realmente el ángel de Dios va a segar la tierra con una hoz literal?

> Entonces otro ángel salió del templo y llamó a gran voz al que estaba sentado en la nube: "Toma tu hoz y siega, porque ha llegado el tiempo de segar, pues la mies de la tierra está madura". (Ap 14:15)

¿Aparecen literalmente en la historia espíritus demoníacos en forma de ranas que salen de la boca de seres malignos?

> Entonces vi tres espíritus malignos que parecían ranas; salían de la boca del dragón, de la boca de la bestia y de la boca del falso profeta. (Ap 16:13)

¿Es realmente la Gran Ramera un vampiro que bebe sangre hasta embriagarse?

> Vi que la mujer estaba ebria de la sangre de los santos, de la sangre de los que dieron testimonio de Jesús. (Ap 17:6)

¿Saldrá Jesús físicamente del cielo y cabalgará por el cielo a caballo, mientras sujeta una espada entre sus dientes?

> De su boca saldrá una espada afilada con la que herirá a las naciones. (Ap 19:15a)

¿Esperamos que una ciudad literal (completa con plomería y electricidad?) descienda a la tierra desde el cielo?

> Y me llevó en el Espíritu a un monte grande y alto, y me mostró la Ciudad Santa, Jerusalén, que descendía del cielo, de parte de Dios. (Ap 21:10)

¿Y será tan gigantesca que se extenderá desde la superficie de la tierra hasta más de 1500 millas, unas 1200 millas más alto de lo que orbita el transbordador espacial?

> Y la ciudad está dispuesta en forma de cuadrado, y su longitud es tan grande como su anchura; y midió la ciudad con la vara, mil quinientas millas; su longitud, anchura y altura son iguales. (Ap 21:16)

Seguramente, nadie interpretaría el Apocalipsis de esta manera. Como hemos visto, el Apocalipsis enfrenta al literalista con un problema tras otro. Parafraseando a Mark Twain, podríamos decir de los absurdos del Apocalipsis si se toma literalmente: "El Apocalipsis es una maldita cosa tras otra".

LA CONFIRMACIÓN DE JUAN

Puesto que afirmo que el Apocalipsis espera un cumplimiento a corto plazo, debo ser capaz de especificar cuándo, dónde y cómo ocurrirá. Uno de los documentos históricos más útiles que demuestran su cumplimiento fue escrito por Josefo. Debido a que me referiré a él en el curso de este estudio, proporcionaré una breve biografía sobre él y su importancia.

Flavio Josefo fue un prominente y acaudalado historiador judío (y no cristiano) que vivió desde el año 37 d.C. hasta el 101 d.C.. Era de ascendencia sacerdotal y vivió en Palestina. Para obtener nuestro contexto histórico debemos recordar que Cristo fue crucificado en el año 30 d.C. y el Templo de Jerusalén fue destruido en el año 70 d.C..

Josefo sirvió como general en las fuerzas defensivas judías durante la Guerra Judía contra Roma en 67-70 d.C.. Durante la guerra, fue derrotado por los romanos en Jotapata y se rindió ante el general romano Flavio Vespasiano. Se hizo amigo de Vespasiano al interpretar que un oráculo profético significaba que el general sería un día emperador de Roma. Poco después, empezó a trabajar con Vespasiano para instar a los judíos a que se rindieran a los romanos y abandonaran su causa desesperada y autodestructiva. Fracasó, por supuesto, y debido a su intento, los judíos lo han considerado históricamente como una especie de Benedict Arnold.

Vespasiano, quien se convirtió en emperador de Roma en el año 69 d.C., patrocinó la redacción del famoso libro de Josefo *La Guerra Judía*. Esta obra fue escrita hacia el año 75 d.C. (solo cinco años después de la caída de Jerusalén). El nombre de Josefo cambió del muy judío José Ben Matías al más romano Flavio Josefo, tomando el nombre de Flavio Vespasiano como su benefactor.

En su obra en varios volúmenes (publicada en siete libros), Josefo escribe como un historiador testigo ocular que estuvo en la Guerra Judía en ambos bandos del conflicto. Su obra es muy útil para comprender los nombres y los acontecimientos de la guerra, muchos de los cuales están predichos en la profecía de Juan en el Apocalipsis. Muchas de las correspondencias entre la profecía de Juan y la historia de Josefo pueden encontrarse en mi capítulo de *Cuatro puntos de vista sobre el Apocalipsis*.[5] Recomiendo encarecidamente leer el Apocalipsis, capítulos 6 a 19, y luego leer Josefo, *La guerra*, libros 4-7.[6]

CONCLUSIÓN

El Apocalipsis de Juan es malinterpretado casi universalmente porque se han pasado por alto las claves para desentrañar sus misterios, a pesar de que Juan las dejó en la puerta principal hace mucho tiempo. Juan afirma temprana y claramente que los acontecimientos que profetiza "deben suceder pronto" porque "el tiempo está cerca" (Ap 1:1, 3; cp. 22:6, 10). Por extraño que pueda parecerle al cristiano moderno, cuanto más nos adentramos en el futuro, más nos alejamos de los acontecimientos del Apocalipsis.

Juan dirige repetidamente a su lector para que entienda las profecías de una manera no literal, simbólica y aunque no podemos entender las imágenes del Apocalipsis de forma literal, sí podemos interpretarlas históricamente. Como acabamos de señalar, una de las herramientas más útiles para discernir el cumplimiento histórico del Apocalipsis es *La*

---

[5] C. Marvin Pate. ed. (Grand Rapids, Michigan, Zondervan,1998). Mi comentario complete sobre Apocalipsis proveerá numerosas citas no solo de Josefo sino de otros escritos judíos como Apócrifa, la Pseudoepígrafa del Antiguo Testamento, la Mishná, la Tosefta, el Talmud y otros. El caso que estoy presentando para el Apocalipsis está abundantemente confirmado en estos documentos antiguos.

[6] La traducción más común de las Guerras de Josefo se encuentra en: Flavius Josephus, *The Works of Flavius Josephus*, traducida por William Whiston durante el S XVIII (Está publicado en 10 volúmenes compactos por Harvard University Press [1939]). Una versión más tecnológica y moderna se encuentre en la Biblioteca Clásica Loeb, la cual ofrece no solo una traducción más reciente sino también notas críticas, así como todo el texto griego (el texto griego aparece incluso en páginas numeradas frente a la traducción en inglés en páginas impares).

Guerra Judía de Josefo. Encontraremos que sus anotaciones históricas son muy importantes para descubrir las realidades históricas que se esconden tras las imágenes simbólicas de Juan. De hecho, mi enfoque del Apocalipsis es bastante histórico.

Mi tarea en los restantes capítulos de este libro consistirá en mostrar que esto es así. Espero que descubra con sorpresa que puede empezar a leer y comprender el Apocalipsis. Al fin y al cabo, "bienaventurado el que lee y comprende". (Ap 1:3a)

2
Tema y fluir literario

Los dos errores más destructivos que un intérprete del Apocalipsis puede hacer son: *(1)* pasar por alto la expectativa temporal de Juan, claramente expuesta, y *(2)* no reconocer su metodología interpretativa. Si ignoramos la perspectiva a corto plazo del propio Juan, le daremos literalmente la vuelta al Apocalipsis, situando al final de la historia cristiana lo que Juan afirma que está al principio. Si ignoramos su enfoque simbólico, no comprenderemos la naturaleza histórica de sus profecías.

Siempre que intentemos interpretar una obra, debemos tratar de hacerlo a partir del tema del autor original. Esto es especialmente cierto cuando el autor declara expresamente su tema. Al igual que con los indicadores temporales, Juan sitúa su declaración temática al principio de su profecía. De hecho, aparece en su sétimo versículo (en nuestras versiones modernas):

> He aquí que viene con las nubes, y todo ojo le verá, aun los que le traspasaron; y todas las tribus de la tierra harán duelo por él. Así será. Amén. (Ap 1:7)

TEMA LITERARIO

La primera impresión que nos deja este versículo es que Juan está hablando de la Segunda Venida. Ciertamente se trata de un lenguaje muy aplicable a la futura, gloriosa e histórica Segunda Venida de Cristo, de la cual las Escrituras hablan a menudo e incluso con este tipo de lenguaje de juicio en las nubes (cf. Hc 1:9-11; 1 Ts 4:16-17; 2 Ts 1:7-10). La Iglesia cristiana histórica y universal siempre ha afirmado ese majestuoso acontecimiento.[1]

Sin embargo, las apariencias engañan. A pesar de esta primera impresión, hay pruebas contundentes que nos obligan a interpretar Apocalipsis 1:7 de otra manera. Creo que este versículo nos presenta una profecía de juicio contra la Jerusalén del siglo I, cuya destrucción ocurrió en el año 70 d.C. El tema de Juan apunta a la inminente devastación del Templo y de Jerusalén bajo los generales romanos Vespasiano y Tito. Dado que esta interpretación no es inmediatamente obvia y resulta bastante desconocida para la mayoría de los cristianos modernos, tendré que defenderla con cierto detalle. Varias razones de peso nos alejan de la interpretación del Segundo Advenimiento y nos llevan a la del año 70 d.C. Explicaré siete evidencias.

El contexto precedente del tema

Quizá el principal principio interpretativo para entender cualquier documento pueda resumirse en tres palabras: "Contexto. Contexto. Contexto". Antes de llegar a Apocalipsis 1:7 al abrir el libro de Juan, debemos pasar por los versículos 1 y 3 y, como hemos visto, estos dos versículos declaran enfáticamente que los acontecimientos esperados en Apocalipsis "deben suceder pronto" (Ap 1:1) porque "el tiempo está cerca". (Ap 1:3)

Debemos observar cuidadosamente que Juan no solo declara cercanos los acontecimientos de su libro, sino que en esas declaraciones de cercanía, relata el propósito de su escritura del libro y le aplica ese propósito a su audiencia del primer siglo. Apocalipsis 1:1 les informa a los destinatarios originales que está escribiendo sobre "las cosas que deben suceder pronto". Uno pensaría que si está escribiendo sobre "las cosas que deben suceder pronto", esto implicaría su propio tema. Sería sorprendentemente extraño que Juan declarara la proximidad temporal para el propósito mismo de su escrito, y luego diera un tema que llegara miles de años más allá de su época. Después de todo ¿no declara la cercanía de "el tiempo" como razón por la que sus lectores del siglo I

---

[1] Vea Kenneth L. Gentry, Jr., "The Historical Problem with Hyper-Preterism", en Keith A. Mathison, *When Shall These Things Be?*: *Reformed Response to Hyper-Preterism* (Phillipsburg, N.J: Presbyterian and Reformed, 2004), cap. 1.

deben leer, oír y "prestar atención a las cosas que están escritas en él" (Ap 1:3)?. ¿Por qué iba a exhortarlos a prestar atención a las cosas escritas si su propósito temático se sitúa en siglos indecibles en el futuro?.

Así pues, solo cuatro versículos antes de que Juan exponga el tema del Apocalipsis, declara la proximidad de los acontecimientos y los aplica a su audiencia original.

El contexto posterior del tema

Juan no solo presenta su tema de un modo que exige su cumplimiento a corto plazo, sino que solo dos versículos después de enunciarlo, lo aplica a las penosas circunstancias de sus lectores originales:

> Yo, Juan, vuestro hermano y *copartícipe de la tribulación* y del reino y de la *perseverancia* que son en Jesús, estaba en la isla llamada Patmos, a causa de la palabra de Dios y del testimonio de Jesús. (Ap 1:9)

Como se ha señalado anteriormente, Juan está ministrando a una minoría perseguida. La preocupación de Dios por los que sufrían por la fe en el siglo I es un tema importante y recurrente en todo el Apocalipsis. De seguro, no les está diciendo a estos santos perseguidos que el tiempo está cerca, que deben prestar atención a lo que está escribiendo, que Dios se preocupa por su persecución, pero que Él los vengará miles de años en el futuro. Apocalipsis 1:7 debe aplicarse a las circunstancias del siglo I.

El lenguaje apocalíptico en la profecía

Juan enmarca su declaración temática en imágenes apocalípticas al hablar de Cristo "viniendo con las nubes". (Ap 1:7) Y aunque esto suena como la Segunda Venida, y aunque ese glorioso acontecimiento será literalmente "con las nubes", encontramos que este tipo de lenguaje puede usarse simbólicamente de juicios históricos divinos distintos de la Segunda Venida. Cualquiera que lea el Apocalipsis reconoce rápidamente que se encuentra en una obra con imágenes extrañas (como mostré en mi capítulo anterior) y esa imaginería a menudo debe entenderse simbólicamente. Creo que esto también es cierto aquí, en nuestro versículo temático. Veamos solo dos ejemplos de imágenes apocalípticas utilizadas en acontecimientos históricos.

En Isaías 19, encontramos una advertencia al Egipto del Antiguo Testamento. En esa profecía, Dios amenaza con un juicio sobre esa antigua nación, un juicio que ocurre cuando el rey asirio Esarhaddon conquista Egipto en el año 671 a.C. Sin embargo, observe el lenguaje que emplea Isaías:

> El oráculo sobre Egipto. He aquí que *el Señor cabalga sobre una nube veloz*, y está a punto de llegar a Egipto; los ídolos de Egipto temblarán ante su presencia, y el corazón de los egipcios se derretirá dentro de ellos. (Is 19:1)

Claramente, la profecía se aplica a *Egipto* y con la misma claridad afirma que el Señor "está a punto de venir" a Egipto. Sin embargo, ningún intérprete cree que los egipcios vieran a Dios Todopoderoso sentado en una nube y descendiendo entre ellos en juicio.

En Mateo 26, el propio Señor Jesús utiliza este lenguaje al hablar de su juicio contra Israel en el año 70 d.C:

> Y levantándose el sumo sacerdote, le dijo: ¿No respondes? ¿Qué es lo que estos hombres testifican contra Ti?. Pero Jesús guardó silencio. El sumo sacerdote le dijo: "Te conjuro por el Dios vivo que nos digas si Tú eres el Cristo, el Hijo de Dios". Jesús le dijo: "Tú mismo lo has dicho; pero yo os digo que dentro de poco veréis al Hijo del hombre sentado a la diestra del Poder, y viniendo sobre las nubes del cielo". (Mt 26:62-64).

El versículo 64 es similar a Apocalipsis 1:7: "Veréis al Hijo del Hombre sentado a la diestra del Poder, y viniendo sobre las nubes del cielo". Y nótese que está hablándoles al sumo sacerdote y a los reunidos a su alrededor: "veréis". Esto debe ser una referencia al juicio del año 70 d.C., que Cristo profetizó en varios lugares (véase especialmente Mateo 21:33-43, 45; 22:1-7; 24:1-34) y del que serían testigos muchos de los que se le opusieron aquel día.

Así pues, Apocalipsis 1:7 *puede* aplicarse al juicio histórico que le sobrevino a Israel en el año 70 d.C.. Nada en las Escrituras prohíbe tal interpretación apocalíptica. A medida que aumenten las pruebas, llegaremos a esa misma conclusión.

La enseñanza previa del Señor sobre el tema

En la evidencia precedente, mencioné como un aparte que Cristo mismo emplea un lenguaje apocalíptico de juicio venidero cuando se refiere a la inminente destrucción del Templo. Analicemos un poco más detenidamente este fenómeno al desentrañar el significado de Apocalipsis 1:7.

En Mateo 21:33-45, Jesús presenta la parábola del viñador, en la cual tenemos una imagen de las amorosas bendiciones de Dios sobre Israel a lo largo de los siglos (21:33-34). Pero el cuidado providencial de Dios sobre Israel se retrata con el telón de fondo de su obstinada desobediencia, que la lleva a matar a los profetas que Dios le envió (21:35-36). Finalmente, Dios envía a su propio Hijo, solo para que Israel lo mate (21:37-40). Basándose en esta parábola, Jesús les pregunta a los líderes religiosos de Israel:

> Cuando venga el dueño de la viña ¿qué les hará a esos viñadores? (21:40)

Los dirigentes de Israel responden sin querer a su pregunta:

> Le dijeron: "Acabará con esos miserables y arrendará la viña a otros viticultores, que le pagarán el producto en las épocas oportunas". (21:41)

Los sorprende al atraparlos en sus propias palabras:

> Por eso os digo que el reino de Dios os será quitado y será dado a una nación que produzca su fruto. Y el que caiga sobre esta piedra se hará pedazos; pero sobre quien caiga, lo esparcirá como polvo. (21:43-44)

Entonces entienden lo que quiere decir:

> Cuando los sumos sacerdotes y los fariseos oyeron sus parábolas, comprendieron que hablaba de ellos. (21:45)

Esta parábola y su consiguiente discusión apuntan hacia la destrucción del Templo en el año 70 d.C., hablando de ese juicio como una «venida» del Señor: «cuando *venga* el dueño de la viña». (21:40) En el contexto siguiente, otra parábola habla más literalmente:

> Pero el rey se enfureció y envió sus ejércitos, y destruyó a aquellos asesinos, y prendió fuego a su ciudad. (Mt 22:7)

Es evidente, pues, que Apocalipsis 1:7 puede aplicarse, al menos teóricamente, al año 70 d.C. y dado su marco contextual (y otras cuestiones que expondré más adelante), esta es la interpretación preferida del tema de Juan.

La causa específica del juicio

Una vez establecidos el contexto y las posibilidades, debemos centrarnos ahora en el texto expreso de Apocalipsis 1:7. Juan aplica la profecía especialmente contra "el pueblo de Israel". Él aplica la profecía particularmente contra "los que le traspasaron":

> He aquí que viene con las nubes, y todo ojo le verá, *aun* los que le traspasaron; y todas las tribus de la tierra harán duelo por él. Así será. Amén. (Ap 1:7)

Esto proporciona una pista para la correcta interpretación del tema, que se pasa por alto tanto como las pistas relativas a las expectativas temporales de Juan.

Todos somos conscientes de que los soldados romanos fueron los instrumentos físicos inmediatos de la crucifixión de Cristo. La Biblia; sin embargo, enfatiza fuerte y repetidamente *la* responsabilidad del pacto de *Israel* en todo el terrible acontecimiento. Enumeraré varios versículos que señalan directamente a *Israel* como la causa de la crucifixión de Cristo (en un capítulo posterior, veremos cuán relevante es esto para el mensaje de Israel).

- Y respondiendo todo el pueblo, dijo: "¡Su sangre sea sobre nosotros y sobre nuestros hijos!". (Mt 27:25)

- Por eso gritaban: "¡Fuera, fuera, crucifícale". Pilato les dijo: "¿A vuestro Rey he de crucificar?". Los sumos sacerdotes respondieron: "No tenemos más rey que el César". (Jn 19:15)

- A este Hombre, entregado por el plan predeterminado y el conocimiento previo de Dios, lo clavasteis en una cruz a manos de hombres impíos y le disteis muerte. (Hc 2:23)

- El Dios de Abraham, de Isaac y de Jacob, el Dios de nuestros padres, ha glorificado a su siervo Jesús, a quien vosotros entregasteis y repudiasteis en presencia de Pilato, cuando este había decidido ponerle en libertad. Pero vosotros renegasteis del Santo y Justo, y pedisteis que se os concediera un homicida, pero disteis muerte al Príncipe de la vida, al que Dios resucitó de entre los muertos, de lo cual nosotros somos testigos. (Hc 3:13-15)

- El Dios de nuestros padres resucitó a Jesús, a quien vosotros habíais dado muerte colgándole de una cruz. (Hc 5:30)

- ¿A cuál de los profetas no persiguieron vuestros padres? Y mataron a los que antes habían anunciado la venida del Justo, en cuyos traidores y asesinos os habéis convertido ahora. (Hc 7:52)

- Y nosotros somos testigos de todas las cosas que hizo tanto en la tierra de los judíos como en Jerusalén. Y también le dieron muerte colgándole de una cruz. (Hc 10:39)

- Porque vosotros, hermanos, os hicisteis imitadores de las iglesias de Dios en Cristo Jesús que están en Judea, pues también sufristeis los mismos padecimientos de parte de vuestros propios compatriotas, así como ellos de parte de los judíos, que mataron al Señor Jesús y a los profetas, y nos expulsaron. No son agradables a Dios, sino hostiles a todos los hombres, impidiéndonos hablar a los gentiles para que se salven; con el resultado de que siempre llenan la medida de sus pecados. Pero la ira ha caído sobre ellos hasta el extremo. (1 Ts 2:14-16)

El testimonio implacable de las Escrituras culpa a Israel de la muerte de Cristo. Es responsable según el pacto; debería haberlo sabido (Lucas 19:41-44). Así pues, Apocalipsis 1:7 promete juicio sobre "los que le traspasaron", lo que exige que ese juicio caiga en el siglo I mientras "los que le traspasaron" aún vivían, especialmente dados los indicadores temporales a corto plazo en el contexto mismo de esta declaración (Ap 1:1, 3). Los acontecimientos del año 70 d.C. nos presentan un encaje perfecto, relevante y convincente.

El enfoque final del juicio

Pero hay más. Apocalipsis 1:7 también afirma que "todas las tribus de la tierra harán duelo por Él". ¿Quiénes son estas "tribus de la tierra"? ¿Y por qué "llorarán"?

El lector debe entender que la palabra griega traducida «tierra» (*gē*) (*earth* en inglés) también puede traducirse «tierra» (*land* en inglés). De hecho, a menudo se refiere a «la tierra de Israel», es decir, "la Tierra Prometida". En varios lugares del Nuevo Testamento, esta palabra se refiere a la Tierra Prometida en su conjunto o a una parte de ella. En esos lugares la encontramos en frases como "la tierra de Judá" (Mt 2:6), "la tierra de Judea" (Jn 3:22), "la tierra de Israel" (Mt 2:20-21), "la tierra de Zabulón" (Mt 4:15), "la tierra de Neftalí" (Mt 4:15), y "la tierra de los judíos" (Hc 10:39). Así pues, por consideraciones puramente léxicas, puede entenderse que el término designa la Tierra Prometida.

Cuando observamos que esta "tierra" contiene "tribus", nos acercamos aún más a la interpretación correcta. La palabra griega para "tribu" es *phulē,* que en la Escritura se refiere más frecuentemente a las tribus judías. El Nuevo Testamento nombra a menudo "tribus" particulares de Israel: Aser (Lc 2:36); Benjamín (Hc 13:21; Ro 11:1; Fl 3:5); Judá (Ap 5:5; Hb 7:14). Las "tribus" encontraron su hogar en Palestina; estas son "las tribus de la tierra" que menciona Apocalipsis 1:7. La referencia de Juan a la "tribu de Judá" en Apocalipsis 5:5 apunta claramente a la división tribal entre los judíos raciales. El término "tribu" tiene obviamente ese significado racial en Apocalipsis 7:4-8, donde se usa de cada una de las doce tribus específicamente nombradas, y en Apocalipsis 21:12, donde Juan se refiere a "las doce tribus de los hijos de Israel". De hecho, las traducciones literales de la Escritura se inclinan en esta dirección:

> He aquí que viene con las nubes, y le verá todo ojo, aun los que le traspasaron, y se lamentarán por él todas las tribus de la tierra. ¡Sí! ¡Amén![2]

> He aquí que viene con las nubes, y lo verá todo ojo y [aquellos] que lo traspasaron, y se lamentarán por él todas las tribus de la tierra. Sí, amén.[3]

---

[2] Young, *Young's Literal Translation*, 167.
[3] Marshal, *Interlinear Greek-English*, 956.

Esto no solo encaja perfectamente con los indicadores temporales a corto plazo, sino también con las advertencias de Jesús sobre el inminente juicio sobre Jerusalén. Observe tres ejemplos de Lucas (además de las parábolas mencionadas anteriormente en Mateo):

- Y cuando se acercó, vio la ciudad y lloró sobre ella, diciendo: "¡Si hubierais conocido en este día, vosotros mismos, las cosas que hacen la paz! Pero ahora se han ocultado a tus ojos. Porque vendrán días sobre ti en que tus enemigos levantarán un terraplén delante de ti, y te cercarán, y te rodearán por todas partes, y te arrasarán hasta el suelo, y a tus hijos dentro de ti, y no dejarán en ti piedra sobre piedra, porque no reconociste el tiempo de tu visitación". (Lc 19:41-44)

- Pero cuando veáis a Jerusalén rodeada de ejércitos, reconoced que se acerca su desolación. Entonces los que estén en Judea huyan a los montes, y los que estén en medio de la ciudad váyanse, y los que estén en el campo no entren en la ciudad; porque estos son días de venganza, para que se cumplan todas las cosas que están escritas. (Lc 21:20-22)

- Pero Jesús, volviéndose a ellas, les dijo: "Hijas de Jerusalén, dejad de llorar por mí, y llorad por vosotras y por vuestros hijos. Porque he aquí que vienen días en que dirán: 'Bienaventuradas las estériles, y los vientres que nunca dieron a luz, y los pechos que nunca criaron.' Entonces comenzarán a decir a los montes: "Caed sobre nosotros", y a las colinas: "Cubridnos". Porque si hacen estas cosas en el árbol verde ¿qué sucederá en el seco?". (Lc 23:28-31)

La evidencia a favor de un significado de Apocalipsis 1:7 para el año 70 d.C. es cada vez más insuperable. El tema de Juan en Apocalipsis es el juicio de Israel por rechazar al Señor Jesucristo.

El paralelo particular en los Evangelios

Curiosamente, Apocalipsis 1:7 encuentra un notable paralelo en la enseñanza del Señor en el Discurso de los Olivos. Observe las similitudes entre Apocalipsis 1:7 y Mateo 24:30, prestando especial atención a las palabras que pongo en cursiva (véase la página siguiente).

MATEO 24:30	APOCALIPSIS 1:7
Entonces aparecerá en el cielo la señal del Hijo del hombre, y entonces *lamentarán todas las tribus de la* tierra, y verán al Hijo del hombre *que viene sobre las nubes* del cielo con poder y gran gloria.	**He aquí que *viene con las nubes*, y todo ojo le verá, aun los que le traspasaron; y *todas las tribus de la tierra se lamentarán por él*. Así será. Amén.**

Estos dos versículos son únicos en la Escritura, ya que fusionan partes de Daniel 7:13 y Zacarías 12:10. Juan toma las imágenes de la "venida en las nubes" de Daniel, y el "llanto de las tribus" de Zacarías. Ningún otro pasaje de la Escritura hace esto.

Además, los dos discursos proféticos en los que encontramos estos versículos hablan de "la gran tribulación". (Mt 24:21 y Ap 7:14) La mayoría de los comentaristas destacan el paralelismo entre Mateo 24:6-11 y los cuatro primeros sellos de Apocalipsis 6:1-8. Ambas profecías se asocian de algún modo con la gran tribulación. Ambas profecías están asociadas de algún modo con el Templo de Dios (Mt 24:1-3, 15; Ap 11:1- 2). De hecho, debemos señalar que la versión de Lucas de la enseñanza del Señor parece ser la fuente del lenguaje de Juan en Apocalipsis 11 (obsérvense especialmente las partes en cursiva):

> Caerán a filo de espada, y serán llevados cautivos a todas las naciones; y *Jerusalén* será *hollada* por los *gentiles*, hasta que se cumplan los tiempos de los gentiles. (Lc 21:24)

> Y dejad fuera el atrio que está fuera del templo, y no lo midáis, porque ha sido dado a las *naciones*; y *hollarán* la *santa* ciudad durante cuarenta y dos meses. (Ap 11:2)

Curiosamente, el Evangelio de Juan carece del Discurso de los Olivos que se encuentra en los otros tres Evangelios, tal vez porque Juan cubre el mismo material en otra obra, Apocalipsis.

Ahora bien, ambas profecías se centran expresamente en acontecimientos a corto plazo. Anteriormente mostré que Juan insiste en que sus profecías del Apocalipsis "deben cumplirse pronto" (Ap 1:1; 22:6) "porque el tiempo está cerca". (Ap 1:3; 22:10) En Mateo, el

Discurso de los Olivos va precedido inmediatamente por la denuncia del Templo por parte de Cristo (Mt 23:38) y los discípulos señalan la belleza del Templo (24:1). Jesús responde a su asombro afirmando: "¿No veis todas estas cosas? En verdad os digo que aquí no quedará piedra sobre piedra que no sea derribada» (24:2), a lo que los discípulos replican: "Dinos ¿cuándo serán estas cosas?". (24:3) Tras ofrecerles signos precursores, responde finalmente a su pregunta: "En verdad os digo que no pasará esta generación hasta que todo esto suceda". (Mt 24:34) Esto concuerda muy bien con la afirmación de Juan de que estas cosas "deben suceder pronto". Sabemos por la historia que ese mismo Templo fue destruido en el año 70 d.C., justo cuarenta años después de que Jesús hablara.

Dos objeciones populares a esta interpretación

Antes de proseguir, debo interactuar con dos objeciones comunes a mi argumento a favor de la perspectiva a corto plazo del Apocalipsis para el desarrollo de su tema.

El problema del «tiempo de Dios»

Algunos responden a la evidencia anterior argumentando que "Juan está hablando del tiempo de Dios, no del hombre". Casi invariablemente, los objetores que presentan este punto de vista citarán 2 Pedro 3:8. No deje que este hecho se le escape:

> No se os escape, amados, esto: que para el Señor un día es como mil años, y mil años como un día.

Sin embargo, por lo menos dos problemas impiden esta objeción. En primer lugar, Pedro está *hablando de Dios*, mientras que Juan está *dándoles directrices a los hombres*. Pedro hace una afirmación teológica sobre Dios y su percepción del tiempo; Juan les da una directriz histórica a los hombres sobre el desarrollo de sus penurias. No debemos confundir la verdad teológica sobre Dios con las directrices históricas para los hombres.

En segundo lugar, Pedro está tratando expresamente la objeción de que ciertas profecías han fracasado porque todavía no han ocurrido:

Sabed ante todo esto, que en los postreros días vendrán burladores con sus burlas, siguiendo sus propias concupiscencias, y diciendo: "¿Dónde está la promesa de su venida? Porque desde que los padres durmieron, todo sigue igual que desde el principio de la creación". (2 Pe 3:3-4)

Pedro se enfrenta a la *lentitud* del juicio de Dios. Juan; sin embargo, está advirtiéndoles a los cristianos que sufren (entre los que se cuenta él mismo, Ap 1:9) sobre lo *que* deben esperar. Declara dogmáticamente en repetidas ocasiones y de diversas maneras que sus profecías "deben cumplirse pronto" porque "el tiempo está cerca".

La interpretación errónea de la declaración de Juan

Otros se quejan de que «la interpretación de Apocalipsis 1:7 del año 70 d.C. pasa por alto la afirmación de Juan de que "todo ojo le verá". El futurista objeta que esta frase exige un acontecimiento global que será visiblemente visto por todos los habitantes de la tierra, en lugar de un acontecimiento más bien localizado, presenciado directamente solo por los presentes en la zona. Dos problemas desactivan esta objeción.

En primer lugar, "*todo ojo* le verá" significa simplemente que será un acontecimiento público, no escondido en un rincón. La Biblia utiliza con frecuencia "todos" o "cada uno" en un sentido limitado, lejos de la universalidad global. Ciertamente, "toda la congregación" de Israel (incluidos niños, ancianos y enfermos) no salió a la guerra (Jo 22:12). ¿Quién sostiene que el rebelde Israel pecó contra Dios literalmente "en toda colina" y "bajo todo árbol verde" (Je 2:20)? Nadie cree que literalmente "toda Judea" (incluidos los niños, los ancianos y los enfermos) salió a escuchar a Juan el Bautista (Mt 3:5). ¿Conocieron absolutamente "todos los hombres" del mundo a los corintios como seguidores de Cristo (2 Co 3:2)?

En segundo lugar, Juan matiza la frase "todo ojo le verá" con la siguiente cláusula "incluso los que le traspasaron". La palabra traducida "incluso" en griego (*kai*) puede entenderse como explicativa, traduciéndose: "todo ojo le verá, *es decir*, los que le traspasaron"[4] Nota:

---

[4] El Léxico Griego más importante en la actualidad nota que *kai* ("y") es a menudo explicativa, o sea, una palabra o cláusula es conectada por medio de *kai* con otra palabra o cláusula, con el propósito de explicar lo que va antes *y entonces, o sea, a saber*". Gingrich, *Lexicon,* 495.

"los que le traspasaron" llevan muertos más de 1900 años. Debemos recordar que Jesús le dijo al Sumo Sacerdote en el primer siglo que "de aquí en adelante *veréis* al Hijo del Hombre sentado a la diestra del poder y viniendo sobre las nubes del cielo". (Mt 26:64) Como señalé anteriormente, la interpretación futurista destruiría el *propósito* mismo del tema de Juan: el castigo de aquellos judíos del siglo I que rechazaron a su Mesías y exigieron su muerte por tortura en la cruz.

El cumplimiento del acontecimiento temático

Debido a nuestra distancia en el tiempo, la geografía, la cultura y las circunstancias, los cristianos occidentales modernos a menudo no percibimos la enormidad de la caída de Jerusalén en el año 70 d.C.. El hecho de que Juan la caracterice como la venida del juicio de Cristo debería alertarnos sobre su significado histórico-redentor. ¿Por qué plantea el asunto de forma tan dramática?

El juicio sobre la población judía

En Mateo 27:25, oímos la terrible maldición que los judíos del primer siglo lanzaron sobre sí mismos: "Todo el pueblo respondió y dijo: "¡Su sangre sea sobre nosotros y sobre nuestros hijos!". Y poco después, mientras Jesús se debate bajo el peso de su cruz, les advierte a las mujeres jerosolimitanas que lloran:

> Pero Jesús, volviéndose a ellas, les dijo: "Hijas de Jerusalén, dejad de llorar por mí, y llorad por vosotras y por vuestros hijos. Porque he aquí que vienen días en que dirán: 'Bienaventuradas las estériles, y los vientres que nunca dieron a luz, y los pechos que nunca criaron.' Entonces comenzarán a decir a los montes: "Caed sobre nosotros", y a las colinas: "Cubridnos". Porque si hacen estas cosas en el árbol verde, ¿qué sucederá en el seco?". (Lc 23:28-31)

La Guerra Judía diezmó terriblemente la población en Israel. Nadie puede leer el relato del historiador judío del siglo I Josefo sin retroceder horrorizado ante el hambre, la matanza y la devastación generalizadas.[5] Jerusalén fue destruida por Tito. Josefo escribe: "Y ahora los romanos prendieron fuego a las partes extremas de la ciudad, y las incendiaron,

---

[5] Véase *War*, Libros 4-7.

y demolieron por completo sus muros".[6] Del asedio final de Tito, aprendemos que "la matanza y la destrucción que siguieron fueron terribles".[7]

Después de la Guerra Judía "el país estaba en ruinas, sus ciudades y aldeas antes florecientes casi sin habitantes, perros y chacales merodeando por las calles y casas devastadas. Se dice que en Jerusalén perecieron un millón de personas y que cien mil fueron llevadas cautivas para abastecer los mercados de esclavos del Imperio".[8] La famosa arqueóloga Kathleen Kenyon comenta: "Las recientes excavaciones han proporcionado pruebas sorprendentes de la destrucción de Tito. . . . En la destrucción de estos edificios, las paredes fueron arrasadas, los adoquines arrancados, y el desagüe obstruido con material firmemente fechado en la última parte del siglo por la cerámica".

El juicio sobre la religión judía

Todavía más horrible para el judío devoto fue la devastación sin parangón de sus obligaciones, esperanzas y valores religiosos. Jerusalén, la antigua y famosa "ciudad santa", yacía en ruinas. No es de extrañar que Jesús llorara sobre ella (Mt 23:37). Los merodeadores ejércitos romanos destrozaban piedra a piedra el Templo de Dios. No es de extrañar que Jesús lamentara su desolación (23:38). Josefo informa:

> Tan pronto como el ejército no tuvo más gente para matar o saquear, porque no quedaba nadie para ser objeto de su furia, (porque no habrían perdonado a nadie, si hubiera quedado algún otro trabajo por hacer), César dio órdenes de que ahora demolieran toda la ciudad y el Templo, pero que dejaran en pie tantas torres como fueran de la mayor eminencia; es decir, Fasaelo, e Hípico, y Mariamne, y la mayor parte de la muralla que rodeaba la ciudad por el lado oeste. Esta muralla se conservó para que sirviera de campamento a los que debían estar de guarnición; también se conservaron las torres, para demostrarle a la posteridad qué clase de ciudad era, y cuán bien fortificada, la que el valor romano había sometido; pero en cuanto a todo el resto de la muralla, los que la excavaron hasta los cimientos la cubrieron tan completamente hasta el suelo, que no quedó nada que hiciera creer a los que llegaban que había estado habitada alguna vez. Este fue el fin al que llegó Jerusalén por la locura de los que estaban a favor de las

---

[6] *War*, 6:9:4.
[7] Learsi, *Israel*, 178.
[8] *War*, 7:1:1.

innovaciones; una ciudad por lo demás de gran magnificencia, y de poderosa fama entre toda la humanidad.

Esta destrucción significa que el culto religioso de Israel que se centraba en el sistema de sacrificios en el Templo central de la Ciudad Santa era imposible. Los judíos nunca volverían a rendir culto como Dios ordenó en su Palabra. Incluso hoy -unos diecinueve siglos después- Israel sigue sin Templo y sin sacrificios. Como escribió el autor de Hebreos a mediados de los años 60 del siglo I cuando dijo: "Un nuevo pacto", ha dejado obsoleto al primero. Pero todo lo que se vuelve obsoleto y envejece está a punto de desaparecer». (He 8:13) Eso sucedió en el año 70 d.C.

Juan declara específicamente que está escribiendo una profecía sobre acontecimientos que "deben suceder pronto" (Ap 1:1; 22:6) porque "el tiempo está cerca". (Ap 1:3; 22:10) En consecuencia, el intérprete cuidadoso debe buscar acontecimientos en el siglo I que puedan cumplir sus dramáticas expectativas. Debido a que Jesús y varios de los escritores del Nuevo Testamento profetizan el juicio de Dios sobre el Israel del siglo I y su Templo (por ejemplo, Mt 8:11-12; 21:33-45; 22:1-7; 23:1-24:34; Lc 19:41-44; 21:20-22; 23:28-31), a que este acontecimiento pone fin de forma concluyente y dramática al antiguo pacto (He 8:7-13; 12:22-29), y a que devastó tanto al pueblo, la cultura y la religión de Israel (Josefo, *Guerra*), estoy convencido de que el Apocalipsis se centra en la época de la guerra de los judíos contra Roma. De hecho, no veo cómo puede evitarse esta conclusión cuando se considera desde las perspectivas exegética, teológica e histórica.

FLUJO TEMÁTICO DEL JUICIO

Veamos ahora cómo desarrolla Juan este tema del juicio sobre Israel. El Apocalipsis es un drama vívido y cautivador escrito en un lenguaje audaz, expresivo y conmovedor. Obviamente, no podemos ofrecer un comentario sobre cada aspecto de su desarrollo, pero me gustaría trazar su flujo temático, a grandes rasgos, señalando algunos de sus aspectos claves.

Al comenzar a destacar el desarrollo dramático del Apocalipsis, debemos tener siempre presente que es el libro con más sabor a Antiguo Testamento de todo el Nuevo Testamento. Los gramáticos destacan su peculiar gramática, fuertemente influida por formas de pensamiento hebreas que rompen las reglas de la gramática griega. También vemos cientos de alusiones a versículos, imágenes y temas del Antiguo Testamento, incluso encontramos nombres y lugares hebraicos, algunos de los cuales se traducen de su forma hebrea a una forma más griega («Abadón» se convierte en «Apolión», Ap 9:11) o se explica que son formas hebreas («Har-magedón», Ap 16:16). El carácter hebraico del Apocalipsis será muy importante a medida que tracemos su desarrollo dramático.

La relación judicial en el Apocalipsis

Descubriremos que el Apocalipsis presenta a dos mujeres que son importantes para su historia. Antes de mostrar su relación, le recordaré al lector que en el Antiguo Testamento, Israel aparece como la esposa de Dios. Dos pasajes (entre muchos) lo demuestran ampliamente:

- Porque tu *esposo* es tu Hacedor,
  cuyo nombre es el Señor de los ejércitos;
  Y tu Redentor es el Santo de Israel,
  que es llamado el Dios de toda la tierra. (Is 54:5)

- «He aquí que vienen días -declara el Señor- en que haré un nuevo pacto con la casa de Israel y con la casa de Judá, no como el pacto que hice con sus padres el día que los tomé de la mano para sacarlos de la tierra de Egipto, pacto mío que ellos rompieron, aunque *yo era esposo para* ellos», declara el Señor. (Je 31:31-32)

Por lo tanto, cuando Israel le es infiel a Dios, las Escrituras lo consideran adulterio espiritual / prostitución. Los profetas exílicos acusan particularmente a Israel de tales pecados:

- Y a causa de la liviandad de su *prostitución*, contaminó la tierra y cometió *adulterio* con piedras y árboles. (Je 3:9)

- ¿Por qué habría de perdonarte?
  Tus hijos me han abandonado
  y han jurado por los que no son dioses.
  Cuando los había saciado, cometieron *adulterio*
  y se fueron a casa de la *ramera*. (Je 5:7)

- Porque han cometido *adulterio*, y la sangre está en sus manos. Así han cometido *adulterio* con sus ídolos y hasta han hecho pasar por el fuego a sus hijos, que me habían dado a luz, para dárselos como alimento. (Ez 23:37)

Esta relación de pacto entre Israel y Dios es crucial para entender la acción legal y los juicios criminales en el Apocalipsis, como veremos.

El punto judicial del Apocalipsis

Curiosamente, la palabra "trono" es bastante prominente en el Apocalipsis, aparece en dieciocho de sus veintidós capítulos. De hecho, aparece sesenta y dos veces en el Nuevo Testamento, cuarenta y siete de ellas en el Apocalipsis. Por consiguiente, no podemos pasar por alto el fuerte énfasis que pone Juan en el elemento legal-judicial.

La primera visión de la historia principal del Apocalipsis comienza con Dios sentado en un trono judicial.

> Inmediatamente estuve en el Espíritu; y he aquí un trono que estaba en el cielo, y Uno sentado en el trono. . . . Y del trono salían relámpagos y sonidos y truenos. Y delante del trono ardían siete lámparas de fuego, que son los siete Espíritus de Dios. (Ap 4:2, 5)

En otras partes del Apocalipsis oímos lenguaje judicial en referencia a "juicio", "ira", testigos", etcétera. Pero ¿por qué? ¿Qué es lo que se juzga?

El decreto judicial en el Apocalipsis

Después de que Juan nos presenta a Dios en su trono, somos testigos de una interesante transacción:

> Y vi en la mano derecha del que estaba sentado en el trono un libro escrito por dentro y por fuera, sellado con siete sellos. Y vi a un ángel fuerte que proclamaba a gran voz: "¿Quién es digno de abrir el libro y de romper sus sellos?". Y nadie en el cielo, ni en la tierra, ni debajo de la tierra, era capaz de abrir el libro, ni de mirar en él. Y yo me puse a llorar en gran manera, porque no se había hallado a nadie digno de abrir el libro ni de mirar en él; y uno de los ancianos me dijo: "Deja de llorar; he aquí que el León que es de la tribu de Judá, la Raíz de David, ha vencido para abrir el libro y sus siete sellos". (Ap 5:1-5)

¿Qué es este pergamino que sale del trono judicial de Dios?

Una de las mujeres prominentes del Apocalipsis aparece repetidamente en los capítulos siguientes: la Ramera. Luego, al final del libro, entra en escena la otra mujer importante: la Novia. ¿Qué significa todo esto?

Antes de poder enfocar bien el asunto, debemos tener en cuenta algunas cuestiones importantes: Juan nos informa de que las profecías de su libro "tienen que cumplirse pronto" (Ap 1:1; 22:6) porque "el tiempo está cerca" (Ap 1:3; 22:10); su tema se centra en el juicio de los que "lo traspasaron" (los judíos del siglo I, Ap 1:7); presenta su mensaje con un sabor inusitadamente fuerte a Antiguo Testamento; y *dos mujeres* desempeñan un papel destacado en el drama.

Con esta información ante nosotros, creo que el rollo judicial es el decreto de divorcio de Dios contra su infiel esposa Israel. Las Escrituras hablan de un «certificado de divorcio» en varias ocasiones. (Dt 24:1, 3; Is 50:1; Mt 5:31; 19:7; Mc 10:4) En el Apocalipsis, Juan parece retomar y desarrollar la imaginería veterotestamentaria de la prostitución de Israel y el divorcio de Dios por esta conducta. Jeremías 3 y Ezequiel 2-3 influyen en este sentido. Nótese especialmente:

> Y vi que por todos los adulterios de la infiel Israel, yo la había despedido y le había dado carta de divorcio, pero su traidora hermana Judá no temió, sino que fue y también fue ramera. (Je 3:8)

(En el capítulo 4, desarrollaré las pruebas de que Jerusalén es la Ramera en el Apocalipsis; por ahora, lo doy por un hecho).

Curiosamente, las circunstancias históricas de la época de Jeremías y las de Juan son bastante similares. Veamos cómo Juan extrae sus imágenes de la experiencia de Jeremías y describe a la Ramera en Apocalipsis:

> Y la mujer estaba vestida de púrpura y escarlata, y adornada de oro y piedras preciosas y perlas, teniendo en su mano un cáliz de oro lleno de abominaciones y de las inmundicias de su inmoralidad, y en su frente tenía escrito un nombre, un misterio: «Babilonia la Grande, la Madre de las Rameras y de las Abominaciones de la Tierra». (Ap 17:4-5)

Ahora observe los paralelismos entre Jeremías y Juan.

Jeremías es testigo de la destrucción del primer Templo por Babilonia mientras llama «ramera» a Israel; Juan está a punto de presenciar la destrucción del segundo Templo mientras llama a Israel «Babilonia la Grande, madre de las rameras». (Ap 17:5)

Jeremías incluso denuncia a Israel declarando "Tenías frente de ramera" (Je 3:3) mientras que Juan enfatiza la *frente* de ramera en su descripción: "Y en su frente estaba escrito un nombre, un misterio: "Babilonia la Grande, la madre de las rameras". (Ap 17:5)

Jeremías también denuncia la abominable inmundicia de Jerusalén:

> En cuanto a tus adulterios y tus relinchos lujuriosos,
> La lascivia de tu prostitución
> En las colinas del campo,
> he visto tus abominaciones.
> ¡Ay de ti, Jerusalén!
> ¿Hasta cuándo permanecerás impura? (Je 13:27)

Y Juan reitera que la Ramera tiene una copa "llena de abominaciones y de las inmundicias de su inmoralidad". (Ap 17:4)

Consideremos ahora a Ezequiel como la fuente particular que Juan utiliza para su visión del trono de Dios y el rollo. Ezequiel ve a Dios en su trono en Ezequiel 1:26; al igual que Juan en Apocalipsis 4:2. La visión del trono de Ezequiel menciona incluso el resplandor del arco iris (Ez 1:28; cp. Ap 4:3), los cuatro seres vivientes (Ez 1:5; Ap 4:6) y la extensión de cristal. (Ez 1:22; Ap 4:6) Entonces Ezequiel ve una mano que se extiende desde el trono y que posee un pergamino lleno de escritura por delante y por detrás:

> Entonces miré, y he aquí que una mano se extendía hacia mí; y he aquí que en ella había un rollo. Cuando lo extendió ante mí, estaba escrito por delante y por detrás; y escritas en él había lamentaciones, lamentos y ayes. Entonces me dijo: "Hijo de hombre, come lo que encuentres; come este rollo, y vete a hablar a la casa de Israel". (Ez 2:9-3:1)

Esto se parece mucho a la visión de Juan:

> Y vi en la mano derecha del que estaba sentado en el trono un libro escrito por dentro y por fuera, sellado con siete sellos. (Ap 5:1).

A continuación, Ezequiel 4-5 habla de la devastación de Jerusalén en el Antiguo Testamento (Ezequiel incluso llama ramera a Israel: 16:15-17, 20, 22, 25-26, 28-31, 33-36, 41). Secciones importantes de Apocalipsis 6-19 también hablan de la devastación de Jerusalén (como lo mostraré).

Además, los siete sellos del pergamino de Juan (Ap 5:1) parecen reflejar imágenes de alianza del Antiguo Testamento. En Levítico 26 se le promete a Israel una venganza siete veces mayor si rompe el pacto de Dios:

> Si aun después de esto no me obedecéis, os castigaré *siete veces* más por vuestros pecados. . . . Si además, actuáis con hostilidad contra Mí y no estáis dispuestos a obedecerme, aumentaré la plaga sobre vosotros *siete* veces según vuestros pecados. . . . Entonces actuaré con hostilidad contra ti; y yo, yo mismo, te golpearé siete *veces* más por tus pecados... Entonces actuaré con iracunda hostilidad contra vosotros; y yo, yo mismo, os castigaré *siete* veces por vuestros pecados. (Lv 26:18, 21, 24, 28)

Estoy convencido de que Juan está representando el juicio de Jerusalén en el año 70 d.C. bajo el séptuple juicio de Dios, no solo con el rollo de siete sellos, sino también con las siete trompetas y las siete copas. Está representando dramáticamente el divorcio y castigo de Israel como esposa del pacto de Dios.

El juicio judicial en el Apocalipsis

Pero ¿en qué consiste el séptuple juicio sobre Jerusalén / Israel? Después del decreto de divorcio de Dios contra Israel por adulterio (Ap 4-5), los juicios comienzan a caer sobre ella en la mayor parte de Apocalipsis 6-19 (con algunas interrupciones e interludios).

En la ley del Antiguo Testamento, el adulterio se castigaba con la muerte:

> Si hay un hombre que comete adulterio con la mujer de otro hombre, uno que comete adulterio con la mujer de su amigo, el adúltero y la adúltera serán condenados a muerte. (Lv 20:10)

Y el medio de la pena capital en el Antiguo Testamento era la lapidación:

> Entonces sacarán a la muchacha a la puerta de la casa de su padre, y los hombres de su ciudad la apedrearán hasta que muera, por haber cometido un acto de insensatez en Israel, prostituyéndose en casa de su padre; así purgaréis el mal de entre vosotros. (Dt 22:21)

En Apocalipsis 16:21, Juan describe la destrucción de «Babilonia» (Jerusalén) por lapidación:

> Y grandes piedras de granizo, como de cien libras cada una, descendieron del cielo sobre los hombres; y los hombres blasfemaron contra Dios a causa de la plaga del granizo, porque su plaga era extremadamente severa. (Ap 16:21)

En el capítulo 5, mostraré notables correspondencias entre este versículo y el registro histórico del sitio de Jerusalén.

Las imágenes de juicio de Apocalipsis, entonces, muestran a Dios sentado en su trono de juicio y divorciándose de Israel, luego castigándola capitalmente con lapidación por adulterio.

El resultado judicial en el Apocalipsis

Habiéndose deshecho legalmente de la ramera esposa de Dios ¿qué vemos ocupando su lugar? Una nueva esposa:

> Y vi la santa ciudad, la nueva Jerusalén, que descendía del cielo, de Dios, dispuesta como una esposa ataviada para su marido. (Ap 21:2)

Ahora considere rápidamente el flujo hasta este punto: En Apocalipsis 4, Dios está sentado en su trono judicial. En Apocalipsis 5, emite un decreto de divorcio sellado. En Apocalipsis 6-19 (con algunas interrupciones), ejecuta juicios sobre la ramera, apedreándola hasta la muerte. Luego, en Apocalipsis 19, Juan comienza a prepararnos para la aparición de la nueva esposa:

> Y me dijo: " Escribe: Bienaventurados los invitados a la cena de las bodas del Cordero". Y me dijo: "Estas son palabras verdaderas de Dios". (Ap 19:9)

Finalmente, la Novia desciende del Cielo. En Apocalipsis 21:2, se la llama la «Nueva Jerusalén», dando a entender que ocupa el lugar de la antigua Jerusalén. Este contraste de la antigua Jerusalén histórica con la nueva Jerusalén celestial aparece en otras partes del Nuevo Testamento:

- Ahora bien, esta Agar es el monte Sinaí en Arabia, y corresponde a la *Jerusalén actual*, pues está en esclavitud con sus hijos. Pero la Jerusalén de arriba es libre; es nuestra madre. (Gá 4:25-26)

- *Pero vosotros habéis llegado* al monte Sion y a la ciudad del Dios vivo, la *Jerusalén celestial*, y a miríadas de ángeles. (He 12:22)

La Jerusalén celestial de Juan es, pues, una imagen del cristianismo. La Iglesia cristiana sustituye a la Iglesia judía, la fe cristiana sustituye a la fe judaica en el plan redentor de Dios. Por consiguiente, en la conclusión del Apocalipsis, no vemos a Dios abandonado sin esposa, sin un pueblo de alianza; al contrario, vemos que se le ha preparado una nueva esposa.

CONCLUSIÓN

El Apocalipsis explica, justifica y advierte sobre el traslado de Jerusalén/Israel. Debemos entender los acontecimientos del año 70 d.C. en términos del desarrollo de la historia redentora con la primera venida de Cristo. En la Iglesia apostólica del siglo I se alcanza un punto de inflexión en los caminos de Dios con el hombre. Anteriormente, durante el ministerio terrenal de Jesús, se prepara a Israel para el cambio:

- Y yo os digo que vendrán muchos del oriente y del occidente, y se sentarán a la mesa con Abraham, Isaac y Jacob en el reino de los cielos; pero los hijos del reino serán echados a las tinieblas de afuera; allí será el lloro y el crujir de dientes. (Mt 8:11-12)

- Por eso os digo que el reino de Dios os será quitado y será dado a una nación que produzca su fruto. Y el que caiga sobre esta piedra se hará pedazos; pero sobre el que caiga, lo esparcirá como polvo. (Mt 21:43-44)

Juan ilustra esto de forma sorprendentemente en su drama forense.

3
La bestia y su furia

En mis primeros dos capítulos, proporcioné las claves necesarias para dilucidar los misterios del Apocalipsis. Las tres claves principales del Apocalipsis son: *(1)* las afirmaciones expresas de Juan de que los acontecimientos profetizados se sitúan en un futuro próximo y; por lo tanto, deben ocurrir en el siglo I; *(2)* sus repetidas declaraciones e ilustraciones de la naturaleza simbólica del Apocalipsis, que desaconsejan un enfoque literalista; y *(3)* su temprana declaración del tema del Apocalipsis, centrada en el juicio de Cristo contra los judíos del siglo I. Juntando todo esto, pude ofrecer una clave de seguimiento: *(4)* El dramático fluir literario de la acción en el Apocalipsis, que se desarrolla en el decreto de divorcio de Dios contra su esposa infiel mediante su pena capital, y en su toma de una nueva esposa, la Iglesia.

Para entender el Apocalipsis de forma preterista, y para ver cómo se aplican estas claves, en este capítulo y en el siguiente exploraré dos dramáticos personajes malvados de la historia: la Bestia de siete cabezas y la Ramera de Babilonia.

INTRODUCCIÓN

En Apocalipsis 13, un nuevo personaje entra en escena: la Bestia de siete cabezas:

> Y vi una bestia que subía del mar, que tenía diez cuernos y siete cabezas, y en sus cuernos diez diademas, y en sus cabezas nombres blasfemos. (Ap 13:1)[1]

Quizá ningún otro elemento del Apocalipsis sea más conocido o más intrigante que la Bestia. De fijo, todo cristiano adulto conoce el temido número «666». Y ciertamente, muchas autoridades en la historia de la exégesis han propuesto soluciones a su identidad. Por desgracia, la mayoría de los candidatos resultan de la «exégesis periodística», debida al deseo del intérprete de hacer que la Bestia sea relevante para la propia época del intérprete.

Creo; sin embargo, que pruebas claras y convincentes nos ayudan a identificar correctamente a la Bestia *cuando utilizamos las claves que nos proporciona Juan*. Comenzaré declarando su identidad adecuada, y luego explicaré el motivo de mi identificación. Hago esto para que el lector pueda seguir y criticar más fácilmente mi presentación a medida que se desarrolla.

Antes de identificarlo, debo señalar una cuestión confusa en relación con la Bestia, con la cual coinciden prácticamente todos los comentaristas: En el Apocalipsis, la Bestia cambia entre una identidad genérica y una específica. Es decir, la Bestia a veces se refiere a una entidad corporativa y a veces a un individuo en particular. Por ejemplo, el dispensacionalista Robert L. Thomas observa "la intercambiabilidad de la cabeza con toda la bestia, es decir, el rey con su reino".[2] Comentaristas de escuelas tanto liberales como conservadoras reconocen este hecho. Esto se asemeja a que el "cuerpo de Cristo" a veces significa el cuerpo individual de Jesús, y a veces su iglesia corporativa.

Entonces ¿quién es la Bestia? Corporativamente, la Bestia es el Imperio Romano, específicamente, es Nerón César, su cabeza contemporánea. ¿Qué pruebas me llevan a esta conclusión?

EL TIEMPO DE LA BESTIA

Para identificar a la Bestia, es absolutamente esencial tener en cuenta los indicadores temporales de Juan. Como señalé en el capítulo 1, Juan

---

[1] En realidad se alude a ella brevemente en Ap 11:7 como anticipo su posterior revelación más completa.
[2] Thomas, *Revelation 8-22*, 158.

espera claramente que sus profecías se produzcan durante su propia vida. Está escribiéndole a un público contemporáneo sobre lo que "Dios les dio a entender a sus siervos". No está escribiendo algo para una cápsula del tiempo que se abrirá más tarde y declara dogmáticamente que los acontecimientos contenidos en lo que les "comunicó" "*deben ocurrir dentro de poco*".

Dadas las circunstancias del siglo I, Juan no espera que cada miembro de las Siete Iglesias tenga su propio ejemplar del Apocalipsis. Más bien, les pide que escuchen atentamente al que se lo lea públicamente (cp. Col 4:16; 1 Ts 5:27). De hecho, les ofrece una bendición a los que lo lean, a los que lo escuchen y a los que presten atención a sus profecías: "porque el tiempo está cerca" (Ap 1:3). En consecuencia, la Bestia debe ser una figura del siglo I.

Esta anotación temporal por sí sola no prueba que la Bestia sea Nerón o el Imperio Romano, pero sí elimina el 100% de las conjeturas modernas de los "expertos en profecías" populistas. Veremos que varias líneas de evidencia nos dirigen en esa dirección.

LA UBICACIÓN DE LA BESTIA

Un segundo paso para identificar a la Bestia es determinar su ubicación geográfica. La Bestia aparece por primera vez en Apocalipsis 13, pero cuando se alinea con la Gran Ramera, Juan se llena de confusión.

> El ángel me dijo: "¿Por qué te asombras? Te diré el misterio de la mujer y de la bestia que la lleva, que tiene las siete cabezas y los diez cuernos". (Ap 17:7)

En la interpretación del ángel, aprendemos que las siete cabezas de la Bestia nos proporcionan una pista sobre su identidad:

> Aquí está la mente que tiene sabiduría. Las siete cabezas son siete montes sobre los que se sienta la mujer. (Ap 17:9)

Todos coinciden en que Juan escribió el Apocalipsis en algún momento del primer siglo, lo cual fija la identidad geográfica de la Bestia como la famosa «ciudad sobre siete colinas», Roma.

Juan subraya esta pista para nosotros al señalar que cuando la Bestia aparece por primera vez, surge del mar: "Y vi una bestia que subía del mar". (Ap 13:1b) Puesto que sabemos que Juan está escribiendo sobre la destrucción del Templo de Israel, la Bestia parecería surgir del mar desde el punto de vista de Israel. Roma se encuentra al noroeste de Israel, al otro lado del Mediterráneo. Por ejemplo, Pablo viaja de Israel a Roma a través del Mediterráneo: cuando está siendo juzgado en Israel, apela al César en Roma. (Hc 25:11, 21; 26:32)

> Agripa le dijo a Festo: "Este hombre podría haber sido puesto en libertad si no hubiera apelado al César". Y cuando se decidió que nos embarcásemos para Italia, procedieron a entregar a Pablo y a algunos otros prisioneros a un centurión de la cohorte de Augusto llamado Julio. (Hc 26:32-27:1)

Navegó "a lo largo de la costa de Asia" (27:2) hasta Chipre (27:4), Creta (27:7), Malta (28:1) y luego navegó hasta Italia deteniéndose en Rhegium (28:13a) y Peuteoli (28:13b) antes de proseguir por tierra las últimas millas hasta Roma (28:14).

Tanto la limitación temporal como las alusiones geográficas apuntan a Roma como la Bestia corporativa, pero hay más.

LA AUTORIDAD DE LA BESTIA

Ahora pasamos de los indicadores temporales y geográficos a los políticos. La imagen que da Juan de la autoridad de la Bestia encaja bien con su identidad romana. Juan no solo ve a la Bestia con muchas diademas y la imagina con armas poderosas, sino que señala específicamente que Satanás le concede "gran autoridad":

> Y vi una bestia que subía del mar, que tenía *diez cuernos* y siete cabezas, y en sus cuernos *diez* diademas, y en sus cabezas nombres blasfemos. La bestia que vi era semejante a un leopardo, y sus pies eran como los de un oso, y su boca como la boca de un león. Y *el dragón le dio su poder y su trono y gran autoridad.* (Ap 13:1-2)

Juan enfatiza su gran poder político mediante la imaginería de sus "diez cuernos" con sus "diez diademas". En la antigüedad, los cuernos de los animales representaban la autoridad política y la fuerza militar:

> Dios lo saca de Egipto, es para él *como los cuernos del buey salvaje.* Devorará a las naciones que son sus adversarias, triturará sus huesos y los destrozará con sus flechas. (Nú 24:8)

LA BESTIA Y SU FURIA

> Como primogénito de su buey, majestad es suya, Y *sus cuernos son los cuernos del buey salvaje;* con ellos empujará a los pueblos, todos a una, hasta los confines de la tierra. Y esos son los diez millares de Efraín, y esos son los millares de Manasés. (Dt 33:17)

> Porque empujáis con el costado y con el hombro, y *empujáis a todos los débiles con vuestros cuernos*, hasta dispersarlos. (Ez 34:21)

> Después de esto seguí mirando en las visiones nocturnas, y he aquí una cuarta bestia, espantosa y aterradora y sumamente fuerte; y tenía grandes dientes de hierro. Devoraba y aplastaba, y pisoteaba con sus pies lo que quedaba; y era diferente de todas las bestias que había antes de ella, y *tenía diez cuernos*. (Dn 7:7)

Los que en la visión ven a la Bestia quedan abrumados por su poderío: «¿Quién es como la Bestia y quién es capaz de hacerle la guerra?». (Ap 13:4b). En efecto,

> le fue dado hacer la guerra contra los santos y vencerlos; y le fue dada autoridad sobre toda tribu, pueblo, lengua y nación. (Ap 13:7)

Todos somos conscientes del dominio y el poder de Roma en el siglo primero. Josefo habla de los romanos como "los señores de la tierra habitable"[3], "los gobernantes de todo el mundo"[4] y llama a Roma "la más grande de todas las ciudades".[5] El filósofo judío del siglo I Filón habla del emperador de Roma "asumiendo la soberanía de todo".[6] "Incluso escribe de la "soberanía de Roma sobre las porciones más numerosas, valiosas e importantes del mundo habitable, que de hecho puede llamarse con justicia el mundo entero".[7] La evidencia de Roma está aumentando.

LA CRONOLOGÍA DE LA BESTIA

El ángel intérprete de Juan aporta aún más pruebas en este sentido. Después de afirmar que las siete cabezas representan siete montes, añade que también representan siete reyes:

---

[3] *War*, 4:3:10.
[4] *Ant.* 15:11:1.
[5] *War*, 4:11:5.
[6] *Embassy* 8.
[7] *Embassy* 10.

> Aquí está la mente que tiene sabiduría. Las siete cabezas son siete montes sobre los que está sentada la mujer, *y son siete re*yes; cinco han caído, uno es, el otro aún no ha venido; y cuando venga, debe permanecer un poco de tiempo. (Ap 17:9-10)

Esto resulta extremadamente útil para identificar al emperador concreto que gobierna en Roma cuando Juan escribe.

Ahora el ángel asocia una serie de siete reyes con este famoso imperio. Resulta que los cinco reyes caídos representan a los cinco primeros emperadores de Roma: Julio, Augusto, Tiberio, Cayo y Claudio (para su enumeración, véanse las *Vidas de* su biógrafo del siglo II, Suetonio). Están muertos cuando Juan escribe, de ahí que estén «caídos». El sexto rey reina actualmente, pues "uno es". Se trata de Nerón César. El ángel le explica entonces a Juan respecto al séptimo rey: él "aún no ha venido; y cuando venga, debe permanecer un poco de tiempo". El séptimo emperador de Roma fue Galba, quien reinó desde junio del 68 d.C. hasta enero del 69 d.C. -solo seis meses, el emperador que reinó menos tiempo hasta entonces (Nerón había reinado más de trece años).

Entonces, la Bestia no solo representa al Imperio romano corporativamente, sino al sexto emperador Nerón específicamente. Y resulta que Nerón no solo fue el primer emperador que persiguió a la Iglesia cristiana, sino también la autoridad que le encargó al general romano Vespasiano que atacara y destruyera Jerusalén.[8] Encaja perfectamente tanto en el drama como en el tema del Apocalipsis, pero aún hay más.

EL CARÁCTER DE LA BESTIA

Juan llama a la Bestia con un término despectivo que refleja su carácter malvado: "bestia". (Ap 13:1) La imagen de una "bestia" seguramente indica que poseía un carácter malvado y Juan presenta a esta Bestia como un compuesto de tres temibles carnívoros:

> La bestia que vi era semejante a un leopardo, y sus pies eran como los de un oso, y su boca como la boca de un león. (Ap 13:2a)

---

[8] *War*, 3:1:2.

Estos animales serían aterradores para cualquiera que conociera las arenas romanas, donde hombres y mujeres eran cruelmente "arrojados a los leones" y otras bestias.

Nerón ciertamente tenía un carácter inmoral y bestial, mató a su propia madre, hermano, tía y esposa, así como a muchos ciudadanos prominentes de Roma.[9] Se sabe que ataba a los esclavos a estacas, se vestía con piel de león y los atacaba y abusaba de ellos.[10] Era temido y odiado por su propio pueblo. La literatura antigua demuestra que Nerón "era de una brutalidad cruel y desenfrenada".[11]

El famoso historiador romano del siglo II, Tácito, habla de la "cruel naturaleza" de Nerón, quien " les dio muerte a tantos hombres inocentes".[12] El naturalista romano Plinio el Viejo describe a Nerón como "el destructor de la raza humana" y "el veneno del mundo".[13] El satírico romano Juvenal lamenta "la cruel y sangrienta tiranía de Nerón".[14] En otro lugar, llama a Nerón un "tirano cruel".[15] En el siglo I, Apolonio de Tiana incluso llama a Nerón una "bestia".[16]

La Bestia no solo es inmoralmente salvaje, sino también blasfemamente pretenciosa:

> Y se le dio una boca que hablaba palabras arrogantes y blasfemias; y se le dio autoridad para actuar durante cuarenta y dos meses. Y abrió su boca en blasfemias contra Dios, para blasfemar de su nombre y de su tabernáculo, es decir, de los que moran en el cielo. . . . Y le adorarán todos los que moran en la tierra, todos aquellos cuyo nombre no está escrito desde la fundación del mundo en el libro de la vida del Cordero que fue inmolado. (Ap 13:5-6, 8)

Nerón acuñó monedas con la imagen de su propia cabeza irradiando los rayos del sol. Con esta maniobra, imitaba intencionadamente al poderoso dios solar romano Apolo. Una inscripción en Atenas lo alaba como "el todopoderoso Nerón César Sebastos, un nuevo Apolo".[17]

---

[9] Suetonio, *Nero*, 33-35. Véase también Dio, *Rom. Hist.* 61:1:2; *Ascen. Is.* 4:1; *Sib. Or.* 5:30; 12:82.
[10] Suetonio, *Nero* 29.
[11] Harvey, *Oxford Companion*, 287.
[12] *Hist.* 4:7; 4:8.
[13] *Nat.* 7:45; 22:92.
[14] *Sat.* 7:225.
[15] *Sat.* 10:306.
[16] Filóstrato, *Vit. Apoll.*, 4:38.
[17] Smallwood, *Documents*, 52 (rubro #145).

En el año 66 d.C., Tiridates, rey de Armenia, se acercó a Nerón para rendirle culto, según el historiador romano del siglo II Dio Cassius:

> De hecho, los procedimientos de la conferencia no se limitaron a meras conversaciones, sino que se había erigido una plataforma elevada en la que se habían colocado imágenes de Nerón, y en presencia de los armenios, partos y romanos, Tiridates se acercó y les rindió reverencia; entonces, después de sacrificarles y llamarles con nombres laudatorios, se quitó la diadema de la cabeza y la colocó sobre ellos. Tiridates se postró públicamente ante Nerón sentado sobre la rostra en el Foro: "Maestro, soy descendiente de Arsaces, hermano de los reyes Vologaeso y Pacoro, y tu esclavo. Y he venido a ti, mi dios, para adorarte como a Mitra. El destino que me devanes será el mío, pues tú eres mi Fortuna y mi Destino».[18]

Sin duda, Nerón encaja en el carácter de una «Bestia».

EL NÚMERO DE LA BESTIA

Sin duda, la característica más familiar de la imaginería de la Bestia en el Apocalipsis es el número «666»:

> Aquí está la sabiduría. El que tenga entendimiento, calcule el número de la bestia, porque el número es el de un hombre; y su número es seiscientos sesenta y seis. (Ap 13:18)

¿Qué significa este número y cómo nos ayuda a identificar a la Bestia del Apocalipsis?

Antes de mostrar que este número apunta a Nerón, debo comentar el número real que aparece en el Apocalipsis. Algunos populistas modernos intentan encontrar a la Bestia en el mundo contemporáneo buscando una serie de tres seises asociados entre sí. Hace unos años, una teoría sugería que el presidente Reagan era la Bestia porque cada uno de sus tres nombres estaba compuesto por seis letras: Ronald Wilson Reagan. Algunos proponen que se trata de un código informático basado en estos tres dígitos. Otros afirman que se refiere al Verificador de Identidad Personal Mark VI utilizado en las lecturas biométricas de la mano humana o que los códigos de barras empiezan con el código del

---

[18] Dio, *Rom. Hist.* 62:5:2.

"6", tienen la barra central que representa el "6" y luego cierran el código de barras con las líneas que representan el "6" una vez más.

Estas conjeturas pasan por alto la lectura real del Apocalipsis. Juan no afirma que esta marca implique una serie de tres seises. En el griego de Apocalipsis 13:18, el número en realidad es "seiscientos sesenta y seis", no "seis y seis y seis". Varias traducciones inglesas lo aclaran escribiendo el valor en formato alfabético en lugar de numérico (NASB, NRSV, KJV, CEB, NEB). Una serie de seises no tiene nada que ver con el número de la Bestia. Más bien, el número es un valor total: seiscientos sesenta y seis, una suma aritmética particular.

Al intentar descifrar el significado de Juan, debemos tener en cuenta que el sistema numérico árabe, tan familiar para nosotros, era desconocido en el mundo antiguo. De hecho, fue importado a la cultura occidental en el siglo XII. Antes de esa época, los alfabetos cumplían una doble función: no solo eran alfabetos, sino también sistemas de numeración (pensemos en los conocidos números romanos). Muchos diccionarios bíblicos señalan esta práctica para las lenguas bíblicas antiguas bajo la entrada "Números, numerales".

Continuando nuestra búsqueda de la identidad del que se oculta tras el valor de seiscientos sesenta y seis, debemos recordar que Juan era judío y que estaba escribiendo sobre el juicio de Dios sobre los judíos. Además, debemos reconocer que el Apocalipsis es el libro más hebraico del Nuevo Testamento, ya que contiene decenas de imágenes visuales extraídas del Antiguo Testamento, cientos de referencias literarias que aluden a versículos del Antiguo Testamento y una forma de griego muy hebraica que no se parece a ninguna otra del Nuevo Testamento.

Si hacemos la suposición razonable de que el hebreo es la lengua base para buscar el significado del número de la Bestia, llegamos a la misma conclusión que sugieren nuestras otras líneas de evidencia: la Bestia es Nerón César.[19] Una grafía hebrea del siglo I de su nombre era *Nrwn Qsr* (pronunciado: «Neron Kaiser»). Los arqueólogos han documentado esta grafía hebrea que nos proporciona precisamente el

---

[19] Esta suposición está justificada en este libro muy hebreo. Juan emplea una riqueza de imágenes judías (por ejemplo, los dos olivos de Zacarías [Ap 11:4], Moisés y Elías [Ap 11:6 y 15:3], menciona lugares judíos (Ap 16:16 ;21:2) e incluso provee traducciones griegas para palabras hebreas. (Ap 9:11; cp. 16:16)

valor de 666.[20] El léxico de Jastrow del Talmud contiene esta misma grafía.[21] La valoración numérica de esta grafía es la siguiente:

n=50   r=200   w=6   n=50   q=100   s=60   r=200

Esto da el valor de 666.

Muchos biblistas reconocen este nombre como "la solución más probable" al problema.[22] ¿Y por qué no? El nombre "Nerón César" no solo encaja numéricamente, sino que la persona de Nerón encaja contextualmente en el drama de Juan.

Pero ahora: ¿Qué pasa con la Bestia que les impone su marca a los hombres?

> Y hace que a todos, a los pequeños y a los grandes, a los ricos y a los pobres, a los libres y a los esclavos, se les ponga una marca en la mano derecha o en la frente, y dispone que nadie pueda comprar ni vender, sino el que tenga la marca, o el nombre de la bestia o el número de su nombre. (Ap 13:16-17)

Para responder a esta pregunta, debemos recordar la naturaleza simbólica del Apocalipsis y las imágenes paralelas dentro de este libro que parecen basarse en una práctica del Antiguo Testamento.

En primer lugar, marcar a los hombres al servicio de la Bestia no es una marca más literal que marcar a los siervos del Cordero en la escena siguiente:

> Y miré, y he aquí, el Cordero estaba de pie sobre el monte Sion, y con él ciento cuarenta y cuatro mil, que tenían su nombre y el nombre de su Padre escrito en la frente. (Ap 14:1)

En segundo lugar, dicha marca parece ser una metáfora del dominio y control ejercidos por la fuente de la marca. En Apocalipsis 13, nadie puede comprar ni vender sin la marca. Es decir, todos los súbditos del Imperio romano están bajo el dominio del emperador, que de hecho tiene su sustento en sus manos.

---

[20] Hillers, "Apocalipsis 13:18", 65.
[21] Jastrow, *Dictionary of the Targumin*. Véase Charles, Apocalipsis 1:367. Benoit, et. al, Les Grottes.
[22] B. C. Birch, "Número", en Geoffrey W. Bromiley, ed., *The International Standard Bible Encyclopedia* (2da. ed.: Grand Rapids: Eerdmans, 1982), 3:561.

En tercer lugar, en cuanto a que la Bestia exige adoración (Ap 13:4, 8), mostrando así sus pretensiones divinas, Juan presenta su reclamo pretencioso de soberanía contra un telón de fondo del Antiguo Testamento. Este libro, muy orientado al Antiguo Testamento, utiliza la marca en la mano derecha y en la frente como una imagen negativa de Dios exigiéndole su Ley a su pueblo.

> Y estas palabras que yo te mando hoy, estarán en tu corazón. ... Y las atarás como una señal en tu mano y estarán como frontales en tu frente. (Dt 6:6, 8)

Esto queda subrayado por el hecho anteriormente señalado de que el versículo siguiente presenta a los siervos del Cordero con marcas en la frente.

En cuarto lugar, cualquier marca actual va en contra del marco temporal cercano del Apocalipsis (Ap 1:1, 3; 22:6, 10), la relevancia para los cristianos perseguidos del siglo I (Ap 1:9; 3:10; 6:9-11; 12:4-6, 17), el tema del juicio sobre Israel (Ap 1:7) y el claro vínculo del texto entre la bestia y los siete primeros emperadores de Roma (Ap 17:9-10). Así pues, las búsquedas modernas están descontextualizadas.

En consecuencia, mediante esta imaginería de la marca, Juan está enseñando que la Bestia (Nerón) hará valer sus pretensiones divinas, actuando como soberano absoluto sobre las vidas y fortunas de sus súbditos. No impondrá una marca literal a sus súbditos, como tampoco Cristo a los suyos, se trata de imágenes dramáticas, no de una realidad literal.

LA ACCIÓN DE LA BESTIA

A medida que continuamos desarrollando la imagen que Juan nos ofrece de la Bestia, descubrimos más evidencias nerónicas. En Apocalipsis 13:5 y 7, leemos:

> Y le fue dada boca que hablaba palabras arrogantes y blasfemias; y le fue dada autoridad para actuar durante cuarenta y dos meses. ... Y le fue dado hacer guerra contra los santos y vencerlos; y le fue dada autoridad sobre toda tribu y pueblo y lengua y nación.

Como sabemos por la lectura de los Hechos, el Imperio Romano no molestó al cristianismo durante su existencia más temprana. De hecho, al final de los Hechos, Pablo apela al César para protegerse de la persecución judía. (Hc 25:11-12) Esto sucede incluso durante los primeros días del reinado de Nerón. Sin embargo, las cosas cambian radicalmente cuando Nerón arremete contra los cristianos en un intento de desviar las sospechas sobre él como responsable de los destructivos y mortíferos incendios que quemaron gran parte de Roma en el año 64 d. C.

El historiador romano Tácito (quien nació durante el reinado de Nerón) relata la horrible persecución a la que fueron sometidos los cristianos en Roma:

> Nerón infligió castigos inauditos a quienes, detestados por sus abominables crímenes, se llamaban comúnmente cristianos.[23]

Habla incluso del "inmenso número" de cristianos asesinados por Nerón. El cristiano Clemente de Roma, quien vivió durante esta época, habla de "una inmensa multitud de elegidos" que murieron bajo Nerón.[24] Sabemos que tanto Pedro como Pablo fueron ejecutados en este período.

Así que la persecución de los cristianos por Nerón -incluidos algunos de sus más grandes líderes- representa la "guerra" de la Bestia contra los santos para vencerlos. (Ap 13:7) Pero ¿cómo debemos entender el período de "cuarenta y dos meses" que menciona Juan (Ap 13:5)?

Sabemos por los registros históricos que el asalto inicial de Nerón contra los cristianos en Roma ocurrió en noviembre del año 64 d.C.. y también que él murió a principios de junio del 68. El gran historiador eclesiástico J. L. von Mosheim resume este período con estas palabras:

> A la cabeza de los emperadores que la Iglesia recuerda con horror como sus perseguidores se encuentra Nerón, un príncipe cuya conducta hacia los cristianos no admite paliativos, sino que fue hasta el último grado sin principios e inhumana. La espantosa persecución que tuvo lugar por orden de este tirano, comenzó en Roma a mediados de noviembre, en el año de nuestro Señor 64 . . . Esta espantosa persecución cesó con la muerte de Nerón. El Imperio, es bien sabido,

---

[23] *Ann.*, 15:44.
[24] *1 Clem.* 6.

no fue liberado de la tiranía de este monstruo hasta el año 68, cuando puso fin a su propia vida.[25]

Por lo tanto, tenemos un período de tiempo en el que la Bestia hace la guerra contra los santos durante prácticamente cuarenta y dos meses: noviembre del 64 hasta junio del 68. El encaje es a la vez relevante y notable.

EL RESURGIMIENTO DE LA BESTIA

Llego ahora a la parte que muchos creen que plantea una objeción insuperable a la visión de Nerón / Roma del siglo I sobre la Bestia. Irónicamente; sin embargo, esta visión confirma fuertemente el punto de vista. La visión que tengo en mente es la de la muerte y resurrección de la Bestia:

> Y vi una de sus cabezas como si la hubieran matado, y su herida mortal estaba curada. Y toda la tierra se asombró y siguió a la bestia. (Ap 13:3)

¿Cómo explicar esta visión sin declarar que Nerón murió y resucitó de entre los muertos? ¿Es esta una objeción fatal a la visión de Nerón / Roma?

Para interpretar correctamente esta visión, debemos empezar por recordar la doble identidad de la Bestia: puede cambiar tanto entre Roma (considerada corporativamente) como el gobernante de Roma (considerado individualmente). Es decir, la Bestia representa tanto al Imperio Romano como entidad política como a Nerón César como líder contemporáneo de esa entidad.[26] Teniendo esto en cuenta, observemos que el sentido cambia en la visión, lo que permite una fascinante correspondencia con la historia del siglo I.

Nerón gobierna Roma desde el 54 d.C. hasta su muerte el 9 de junio del 68 d.C.. En las últimas semanas de su vida, estallan las destructivas guerras civiles romanas. Desesperado, Nerón se suicida cuando las fuerzas imperiales dirigidas por el general Galba están a punto de capturarlo. El Imperio se sume en una convulsión devastadora, tanto

---

[25] Von Mosheim, *Biblical Commentaries* 1:138, 139.

[26] Deberíamos recordar que el ángel interpretante ya nos informó que las siete cabezas representan *dos* cosas simultáneamente. (Ap 17: 9-10)

política como socialmente. El historiador romano Tácito lamenta este oscuro período en la vida de la Roma del siglo I:

> La historia en la que entro es la de un período rico en desastres, terrible: con batallas, desgarrado por luchas civiles, horrible incluso en paz. Cuatro emperadores fracasaron por la espada; hubo tres guerras civiles, más guerras extranjeras y a menudo ambas al mismo tiempo. Hubo éxito en Oriente, desgracia en Occidente. Ilírico se vio perturbado, las provincias galas vacilantes, Britania sometida y soltada de inmediato. Los sármatas y los suevos se alzaron contra nosotros; los dacios ganaron fama gracias a las derrotas infligidas y sufridas; incluso los partos estuvieron a punto de levantarse en armas gracias a las artimañas de un pretendido Nerón. Además, Italia se vio afligida por catástrofes desconocidas hasta entonces o que volvían tras el paso de los siglos. Ciudades de las ricas y fértiles costas de Campania fueron engullidas o arrolladas; Roma fue devastada por conflagraciones, en las que sus santuarios más antiguos fueron consumidos y el mismísimo Capitolio incendiado por las manos de los ciudadanos. Los lugares sagrados fueron profanados; hubo adulterios en las altas esferas. El mar se llenó de exiliados y sus acantilados se ensuciaron con los cuerpos de los muertos. En Roma hubo una crueldad espantosa.[27]

Con esta caótica guerra civil sacudiendo los cimientos del Imperio, el mundo es testigo de cómo «los señores de la tierra habitable»[28] con sede en «la más grande de todas las ciudades»[29] se derrumban en horrendos estertores. Como dice Tácito:

> Esta era la condición del Estado romano cuando Servio Galba, elegido cónsul por segunda vez, y su colega Tito Vinius entraron en el año que iba a ser para Galba el último y para el Estado *casi el* final.[30]

Según Josefo, la muerte de Nerón paraliza incluso la guerra de los judíos contra Roma, ya que el poderoso general Vespasiano y su hijo Tito cesan las hostilidades:

> Y ahora ambos estaban en suspenso acerca de los asuntos públicos, el Imperio romano estaba entonces en una condición fluctuante, y no

---

[27] *Hist.* 1:2-3.
[28] *War* 4:3:10.
[29] *War* 4:11:5.
[30] *Hist.* 1:11, énfasis añadido.

LA BESTIA Y SU FURIA

siguieron con su expedición contra los judíos, pues pensaron que hacer cualquier ataque a los extranjeros era ahora inoportuno, debido a la preocupación que tenían por su propio país.[31]

Los informes que llegaban al campo de batalla de Israel son tan horribles que leemos de Vespasiano:

> Y como este dolor suyo era violento, no fue capaz de soportar los tormentos a los que estaba sometido, ni de aplicarse más en otras guerras cuando su país natal estaba asolado.[32]

En efecto, "Roma estaba cerca de la ruina"[33] de modo que "el estado de los romanos era tan malo. . . [que] cada parte de la tierra habitable bajo ellos estaba en una condición inestable y tambaleante".[34]

Así que después de que Nerón murió por su propia herida de espada, al mundo le parece que la poderosa Roma se está muriendo. Juan describe este fenómeno como una Bestia que recibe una herida mortal en "una de sus cabezas". (Ap 13:3) Pero ¿qué ocurre entonces?

El famoso biógrafo romano Suetonio habla del resurgimiento de Roma de este estado de muerte:

> El Imperio, que durante mucho tiempo había estado inestable y, por así decirlo, a la deriva por la usurpación y la muerte violenta de tres emperadores, fue por fin tomado en sus manos y *dotado de estabilidad por la familia Flavia*.[35]

Josefo expresa la misma sorpresa respecto a la resistencia de Roma:

> Así pues, tras esta confirmación de todo el gobierno de Vespasiano, que ahora estaba asentado, y tras la *inesperada liberación de los asuntos públicos de los romanos de la ruina*, Vespasiano volvió sus pensamientos a lo que quedaba sin someter en Judea.[36]

Así que, tras un tiempo de penosas guerras civiles, el Imperio revive para asombro del mundo, que volvió bajo el dominio de Roma. Como dice Juan:

---

[31] *War* 4:9:2.
[32] *War* 4:10:2.
[33] *War* 4:11:5.
[34] *War* 7:4:2.
[35] *Vesp.* 1, énfasis añadido.
[36] *War* 4:11:5, énfasis añadido.

Y vi una de sus cabezas como degollada, y su herida mortal estaba curada. Y toda la tierra se asombró y siguió a la bestia. . . diciendo: "¿Quién es como la bestia, y quién es capaz de hacer la guerra con ella?". (Ap 13:3, 4b)

Sin duda, esto confirma notablemente el punto de vista de Nerón / Roma.

CONCLUSIÓN

Estoy convencido de que «todos los caminos conducen a Roma», al igual que todas las pruebas de la Bestia. La evidencia no solo proporciona un ajuste notable (incluso donde no lo esperaríamos), sino un ajuste relevante: Nerón vive en un marco temporal que encaja. (Ap 1:1, 3) Su Imperio parece surgir del mar, desde la perspectiva de Israel. (13:1) El Imperio romano posee una autoridad política y un poderío militar increíbles. (13:2, 4) Nerón, como sexto jefe de Roma, aparece en escena en la cronología establecida de emperadores (17:10) y exhibe el carácter de un hombre bestial. (13:5-6, 8)

Nerón tiene incluso un nombre que encaja con el misterioso número de la Bestia. (Ap 13:18) Dado que la Bestia "hace la guerra a los santos", no nos sorprende saber que Nerón fue el primer perseguidor imperial de la Iglesia (13:7), y durante el mismo período de tiempo indicado en el Apocalipsis (13:5). Incluso podemos aplicar el aspecto más improbable de la profecía de Juan a Nerón y al Imperio romano: la muerte y el resurgimiento de la Bestia (13:3).

4
La Ramera y la Novia

En este capítulo, me centraré en un personaje de vital importancia para el Apocalipsis: la Gran Ramera de Babilonia, quien en realidad es más importante para el tema de Juan que la Bestia. En su aparición más dramática, Juan la ve sentada sobre la Bestia:

> Y me llevó en el Espíritu a un desierto; y vi a una mujer sentada sobre una bestia escarlata, llena de nombres blasfemos, que tenía siete cabezas y diez cuernos. Y la mujer estaba vestida de púrpura y escarlata, y adornada de oro y piedras preciosas y perlas, teniendo en su mano un cáliz de oro lleno de abominaciones y de las inmundicias de su inmoralidad, y en su frente estaba escrito un nombre, un misterio: «Babilonia la Grande, la Madre de las Rameras y de las Abominaciones de la Tierra.» Y vi a la mujer ebria de la sangre de los santos y de la sangre de los testigos de Jesús. Y cuando la vi, me maravillé en gran manera. (Ap 17:3-6)

Una vez más, comenzaré identificando quién creo que es la Ramera; luego expondré las pruebas que me llevan a esa conclusión. La Gran Ramera que Juan ve montando a la Bestia es la Jerusalén del siglo I, la capital de Israel, el hogar del Templo de Dios.

EL TEMA DEL APOCALIPSIS

Mi primera línea de evidencia que apoya a la Jerusalén del siglo I como la Ramera es su perfecta correspondencia con el tema del Apocalipsis.

Como señalé en el capítulo 2, Juan escribe el Apocalipsis como una profecía del juicio de Cristo contra aquellos que "lo traspasaron". (Ap 1:7) Vimos en ese capítulo que el Nuevo Testamento enfatiza repetidamente la culpabilidad pactada de Israel en la muerte de Cristo. La evidencia está demasiado extendida en los Evangelios, los Hechos y las epístolas como para descartarla fácilmente. Pablo, un hebreo de los hebreos (Fl 3:5), observa con respecto a los judíos: "Ellos mataron al Señor Jesús y a los profetas, y nos expulsaron. No agradan a Dios, sino que son hostiles a todos los hombres". (1 Ts 2:15) En consecuencia, observa "el resultado de que siempre llenan la medida de sus pecados. Pero la ira ha caído sobre ellos hasta el extremo". (1 Ts 2:16b)

Debemos entender que este tema del juicio sobre Israel se limita al Israel del primer siglo. Después de todo, el Apocalipsis menciona específicamente el derribo de su Templo, que ya no existe. (Ap 11:1-2; cp. Lc 21:20-24) Puesto que la Ramera representa a la Jerusalén del siglo I, esto se corresponde perfectamente con los indicadores temporales de Juan. (Ap 1:1, 3; 22:6, 10) No solo eso, sino que concuerda con la denuncia que Jesús hace de los judíos del primer siglo, cuando llama a esa generación en particular "generación adúltera" (Mt 12:39; 16:4; Mc 8:12, 38; Lc 11:29). Reprende repetidamente a la gente del primer siglo en "esta generación" (Mat 11:16-19), como una "generación perversa" (Mat 12:41-45), una "generación incrédula y pervertida" (Mat 17:17), y una "generación malvada". (Lc 11:29) Profetiza enfáticamente que "la sangre de todos los profetas, derramada desde la fundación del mundo, puede ser imputada a esta generación, desde la sangre de Abel hasta la sangre de Zacarías, quien pereció entre el altar y la casa de Dios; sí, os digo que será imputada a esta generación". (Lc 11:50-51) Fue rechazado por "esta generación" (Lc 17:25), y no por otra. Curiosamente, la *Ramera* aparece en una generación *adúltera*.

En nuestra época de corrección política, algunos acusan de antisemitismo esta opinión de que la Gran Ramera babilónica es la Jerusalén histórica. Sin embargo, no es más antisemita que la denuncia de Isaías de Jerusalén como "Sodoma" y "Gomorra" (Is 1:10-12), una "ciudad fiel" que "se ha convertido en una ramera" (Is 1:21) y que luego profetiza su juicio. Lamentablemente, las principales obras sobre el antisemitismo tienden a remontar este pecado a Jesús, tal como se le presenta en los Evangelios.[1] Cualquier queja de antisemitismo está lamentablemente fuera de lugar.

Así pues, mi identificación de Jerusalén como la Gran Ramera encaja con el tema expuesto por Juan.

LA GRAN CIUDAD

En el Apocalipsis, la Ramera aparece como «Babilonia la Grande» (Ap 17:5). Se la llama repetidamente «la gran ciudad» (Ap 16:19; 17:18; 18:10, 16, 18, 21). Pero dado que Babilonia es una ciudad que aparece en otras partes de las Escrituras ¿cómo podemos aplicar este odiado concepto a la ciudad santa de Jerusalén? Considere las siguientes pruebas.

El principio de la primera mención

Encontramos por primera vez la frase «la gran ciudad» en Apocalipsis 11:8:

> Y sus cadáveres yacerán en la calle de la gran ciudad que místicamente se llama Sodoma y Egipto, donde también fue crucificado su Señor.

Generalmente, la primera vez que un descriptor aparece en un texto, controla el significado de los usos posteriores. Aquí, "la gran ciudad" está específicamente vinculada al lugar "donde también fue crucificado su Señor". Esto debe referirse a Jerusalén, pues ese es el lugar histórico de la crucifixión de Cristo. (Lc 13:33; Mt 23:34-37) Además, solo seis versículos antes de esta declaración (Ap 11:1-2), Juan menciona el Templo en la ciudad santa, que debe ser el Templo de Dios en Jerusalén.

La cuestión del estatus del pacto

Juan llama a Jerusalén la "gran" ciudad, no por su posición política, sino por su condición de pacto. En las Escrituras, Jerusalén es la ciudad más importante en la historia de la redención y la revelación de Dios. El nombre "Jerusalén" aparece 623 veces en la Biblia. Por ejemplo, David la ensalza:

---

[1] Crossan, *Who Killed Jesus?* Véase también: Cohn-Sherbok, *The Crucified Jew*, esp. p. 12.

> Grande es el Señor, y digno de gran alabanza
> En la ciudad de nuestro Dios, su monte santo
> Hermosa en elevación, la alegría de toda la tierra,
> Es el monte Sion en el lejano norte,
> La ciudad del gran Rey. (Sl 48:1-2)

O, como dice Jeremías: "Jerusalén" es "la perfección de la belleza" y "la alegría de toda la tierra". (La 2:15) Después de todo, el Señor mismo "habita en Jerusalén" (Sl 135:21), de modo que ella debe ser "exaltada" por encima de la "principal alegría" del judío. (Sl 137:6)

El gran profeta del Antiguo Testamento Jeremías profetizó durante la destrucción de Jerusalén por la antigua Babilonia. La profecía de Jeremías no solo se convierte en una importante fuente de material para el Apocalipsis, sino que llama "grande" a Jerusalén en dos ocasiones:

> Y muchas naciones pasarán junto a esta ciudad; y se dirán unas a otras: "¿Por qué ha hecho así el Señor con esta gran ciudad?". (Je 22:8)

> ¡Qué sola se siente la ciudad que estaba llena de gente!
> Se ha vuelto como una viuda
> La que fue grande entre las naciones
> La que era princesa entre las provincias
> se ha convertido en una trabajadora forzada. (La 1:1)

Juan incluso utiliza la imagen de la viuda de Jeremías de Lamentaciones en su descripción de la Ramera:

> En la medida en que se glorificó y vivió sensualmente, en la misma medida dale tormento y luto; porque dice en su corazón: "Me siento como una reina y no soy viuda, y nunca veré luto". (Ap 18:7)

La cuestión de la prominencia histórica

Aunque creo que la grandeza de Jerusalén deriva especialmente de su condición de ciudad del pacto, también fue una ciudad de renombre en la antigüedad. Incluso el historiador romano Tácito menciona su estatus:

> Como ahora voy a registrar la agonía de una *ciudad famosa*, parece apropiado informar al lector de sus orígenes.[2]

---

[2] *Hist.* 5:2, el énfasis es mío.

Y, por supuesto, Josefo alaba su fama histórica:

> Este fue el fin al que llegó Jerusalén por la locura de los que estaban a favor de las innovaciones; una ciudad por lo demás de gran magnificencia, y de poderosa fama entre toda la humanidad.[3]

> Y dónde está ahora esa gran ciudad, la metrópoli de la nación judía.[4]

> Hay un pueblo que se llama judío, y habita en una ciudad la más fuerte de todas las ciudades, a la que sus habitantes llaman Jerusalén.[5]

De modo que Jerusalén encaja en el concepto de "gran ciudad" desde el punto de vista del pacto y desde el punto de vista histórico. En el Apocalipsis, aparece como la "gran ciudad", la "Gran Ramera".

La Sangre de la Santa

Juan le presenta frecuentemente a la Ramera a su lector como «llena de la sangre de los santos». Por ejemplo, en Apocalipsis 18:24 leemos:

> Y se halló en ella sangre de profetas y de santos y de todos los que han sido muertos en la tierra.

Este lenguaje aparece en Apocalipsis 16:6; 17:6; y 18:21, 24. Veamos cómo esto apunta a Jerusalén.

El trasfondo del Evangelio

Al parecer, Juan está reflexionando sobre una declaración que Cristo les hizo a los dirigentes de Israel:

> Para que la sangre de todos los profetas, derramada desde la fundación del mundo, sea imputada a esta generación, desde la sangre de Abel hasta la sangre de Zacarías, que pereció entre el altar y la casa de Dios; sí, os digo que será imputada a esta generación. (Lc 11:50-51)

No solo el lenguaje es sorprendentemente similar, sino que los marcos temporales coinciden: Juan habla de acontecimientos que "deben

---

[3] *War* 7:1:1
[4] *War* 7:8:7
[5] *Ag. Ap.* 1:22

suceder pronto", mientras que Jesús habla de este juicio que ocurre en "esta generación".

La experiencia de los Hechos

La persecución de Israel contra su descendencia cristiana se repite a lo largo del libro de los Hechos:

> Perseguí a muerte a este Camino, atando y encarcelando a hombres y mujeres, como pueden atestiguar también el sumo sacerdote y todo el Consejo de los ancianos. De ellos recibí también cartas para los hermanos, y partí para Damasco con el fin de traer a Jerusalén como prisioneros para ser castigados incluso a los que allí se encontraban. (Hc 22:4-5; véanse también los capítulos siguientes de los Hc 4, 5, 6, 7, 8, 9, 11, 12, 13, 14, 17, 18, 19, 20, 21, 22, 23, 24, 25 y 26).

Esto comienza en serio en Hechos 8:1, donde leemos "se levantó una gran persecución contra la iglesia en Jerusalén; y todos fueron esparcidos por las regiones de Judea y Samaria, excepto los apóstoles". (cp. Hc 11:19; 13:50)

Las preocupaciones particulares

Aunque Roma había comenzado muy recientemente a perseguir a los santos, Jerusalén tenía una larga experiencia en esa obra maligna que se remontaba a los tiempos del Antiguo Testamento. Esteban denuncia a Israel con estas palabras:

> Vosotros, hombres de dura cerviz e incircuncisos de corazón y de oídos, resistís siempre al Espíritu Santo; hacéis lo mismo que vuestros padres. ¿A cuál de los profetas no persiguieron vuestros padres? Y mataron a los que antes habían anunciado la venida del Justo, en cuyos traidores y asesinos os habéis convertido ahora. (Hc 7:51-52)

Roma nunca mató a ningún profeta del Antiguo Testamento (según Ap 18:24), pero Jerusalén sí.

En el Sermón de la Montaña, Jesús menciona la persecución de los profetas por parte de Israel:

> Alegraos y regocijaos, porque vuestra recompensa en el cielo es grande, pues así persiguieron a los profetas que fueron antes que vosotros. (Mt 5:12)

LA RAMERA Y LA NOVIA

El Nuevo Testamento retoma este tema de la persecución judía de los profetas una y otra vez en Mateo 23:29-37; Lucas 6:23-26; 11:47-50; 13:34; Romanos 11:3; 1 Tesalonicenses 2:15; y Hebreos 11:32-38. El hecho de que la Ramera se emborrache con la sangre de los santos y profetas encaja bien con la historia de Israel.

El fracaso del Pacto

Para comprender la enormidad del fracaso de Israel, debemos reflexionar sobre sus bendiciones pactadas. Moisés desafió a Israel antes de entrar en la Tierra Prometida:

> Porque vosotros sois un pueblo santo para el Señor, vuestro Dios; el Señor, vuestro Dios, os ha elegido como pueblo propio de entre todos los pueblos que hay sobre la faz de la tierra. El Señor no puso su amor en vosotros ni os eligió porque fuerais más numerosos que cualquiera de los pueblos, pues erais los menos numerosos de todos los pueblos, sino porque el Señor os amó y cumplió el juramento que hizo a vuestros antepasados, el Señor os sacó con mano poderosa y os redimió de la casa de la esclavitud, de la mano del faraón, rey de Egipto. (Dt. 7:6-8)

Amós le advirtió a Israel de las responsabilidades que se derivaban de sus bendiciones especiales:

> Solo a ti he elegido entre todas las familias de la tierra; por *eso* te castigaré por todas tus iniquidades. (Am 3:2)

Pablo habla muy bien de la ventaja judía:

> Entonces ¿qué ventaja tiene el judío? ¿O cuál es el beneficio de la circuncisión? Grande en todo sentido. En primer lugar, que se les confiaron los oráculos de Dios. (Ro 3:1-2)

Esteban acusó a Israel de incumplimiento de la Ley pactada: Vosotros «recibisteis la ley como ordenada por los ángeles, y sin embargo no la guardasteis». (Hc 7:53) En todo esto, debemos recordar que Jesús «vino a los suyos y los suyos no le recibieron». (Jn 1:11) Este es efectivamente el mensaje de Jesús en Mateo 23:37-38:

> ¡Oh Jerusalén, Jerusalén, que matas a los profetas y apedreas a los que te son enviados! Cuántas veces quise reunir a tus hijos, como la gallina

reúne a sus polluelos bajo las alas, y no quisiste. He aquí que tu casa te ha quedado desierta.

Esto acentúa el fracaso del pacto de Israel, ya que tenía muchas ventajas redentoras y responsabilidades pactadas diseñadas para dirigirla por los caminos de la justicia por amor de su nombre. El Señor Jesucristo advierte que "a quien mucho se le da, mucho se le exige". (Lc 12:48) Incluso informa a Pilato

> No tendrías autoridad sobre mí, si no te hubiera sido dada de lo alto; por eso el *que me ha entregado a ti tiene mayor pecado*. (Jn 19:11)

Toda la Epístola a los Hebreos expone el fracaso exacerbado del rechazo judío a Cristo. Por ejemplo:

> Cualquiera que haya hecho a un lado la Ley de Moisés muere sin misericordia por el testimonio de dos o tres testigos. ¿Cuánto castigo más severo pensáis que merecerá el que ha pisoteado al Hijo de Dios y ha considerado impura la sangre de la alianza por la que fue santificado y ha insultado al Espíritu de gracia? Porque conocemos a Aquel que dijo: "Mía es la venganza, yo pagaré". Y de nuevo: "El Señor juzgará a su pueblo". Es cosa espantosa caer en manos del Dios vivo. (He 10:28-31)

El fracaso de Israel es tan grande que Juan la presenta como la Gran Ramera ebria de la sangre del pueblo de Dios. Así que no solo es culpable de "traspasar" al Mesías (Ap 1:7), sino que no se arrepiente e incluso exacerba su rebelión atacando a sus seguidores.

El atuendo de la Ramera

A medida que seguimos desarrollando las pruebas de que la Gran Ramera es Jerusalén, encontramos otra línea excepcional de argumentación cuando observamos su atuendo en el gran drama de Juan. Su vestido no parece ser accidental, un mero color artístico en la vívida obra maestra de Juan. Por el contrario, proporciona una visión importante para determinar su verdadero papel. Juan ofrece dos breves pero reveladoras declaraciones sobre su vestimenta.

> La mujer estaba vestida de *púrpura* y *escarlata*, adornada con *oro*, *piedras preciosas* y perlas, y tenía en la mano un cáliz de oro lleno de abominaciones y de las inmundicias de su inmoralidad. (Ap 17:4)

LA RAMERA Y LA NOVIA

Ay, ay, la gran ciudad, la que estaba vestida de *lino fino*, *púrpura* y *escarlata*, y adornada de *oro*, piedras *preciosas* y perlas. (Ap 18:16)

Dada la fuerte orientación veterotestamentaria de Juan ¿qué podemos aprender *de las Escrituras* sobre su atuendo?

Su túnica sacerdotal

La combinación de colores, las joyas y la copa de oro de la Ramera proporcionan otro afluente que fluye hacia el estanque de pruebas que la identifican como la Jerusalén del siglo I. Su vestimenta refleja su condición de pacto con Dios y su estatus pactado como reino de sacerdotes, recordándole especialmente al lector del siglo I el Templo central de Jerusalén y su prominente Sumo Sacerdote (obsérvese su gran autoridad en Hechos 23:4). En Éxodo 28, leemos sobre el atuendo ritual del Sumo Sacerdote:

> Y estas son las vestiduras que harán: un pectoral y un efod y un manto y una túnica de trabajo a cuadros, un turbante y una faja, y harán vestiduras sagradas para Aarón tu hermano y sus hijos, para que pueda servirme como sacerdote. Y tomarán el *oro* y el azul y la *púrpura* y la *carmesí* y el *lino fino*... Y la banda hábilmente tejida, que estará sobre él, será como su hechura, del mismo material: de *oro*, de material azul y *púrpura* y *escarlata* y de *lino fino torcido*. Y tomarás dos *piedras de ónice* y grabarás en ellas los nombres de los hijos de Israel. (Éx 28:4-5, 8-9)

Su atuendo también coincide con la decoración del Tabernáculo (el precursor del Templo):

> Además, harás el tabernáculo con diez cortinas de *lino torcido fino* y de tela azul, *púrpura* y *escarlata*; las harás con querubines, obra de hábil artífice. (Éx 26:1)

La descripción que hace el Antiguo Testamento del Templo señala que el altar (que recibía la sangre de los sacrificios, Éx 24:6; 29:12; Lv 1:5) era de oro, como la copa de la que la Ramera bebió la sangre de los santos:

> Todo el altar que estaba junto al santuario interior lo recubrió de oro. (1 Re 6:22)

De hecho, el Templo contenía numerosos utensilios de oro:

> Y también que los utensilios de oro y plata del templo de Dios, que Nabucodonosor tomó del templo de Jerusalén y llevó a Babilonia, sean devueltos y traídos a sus lugares en el templo de Jerusalén; y los pondrás en la casa de Dios. (Es 6:5)

Josefo nos proporciona una descripción de un testigo ocular del Templo del primer siglo, la cual también es paralela a la vestimenta de la Ramera: «El tapiz del Templo era babilónico, [!] en el que se mezclaban el azul, *púrpura, la escarlata* y el *lino*".[6] También menciona la prominencia del oro en los vasos del Templo: "La mayor parte de los vasos que se ponían en ellos era de plata y oro".[7]

Su tocado sacerdotal

Un detalle muy interesante del atuendo de la ramera se refiere a su tocado:

> Sobre su *frente* estaba escrito un nombre, un misterio: "Babilonia la Grande, la Madre de las Rameras y de las Abominaciones de la Tierra". (Ap 17:5)

El inusual enfoque de Juan en su frente es significativo no solo en nuestro argumento actual, sino también en otro contexto posterior.

En la descripción del Sumo Sacerdote en el Antiguo Testamento, leemos:

> Harás también una placa de oro puro y grabarás en ella, como los grabados de un sello: «Santo al Señor». . . . Y estará sobre la *frente* de Aarón, y Aarón quitará la iniquidad de las cosas santas que consagran los hijos de Israel, con respecto a todos sus dones santos; y estará siempre sobre su frente, para que sean aceptos delante del Señor. (Éx 28:36, 38)

Juan viste a la Ramera de una manera que llama nuestra atención hacia su frente. Y cuando miramos allí, vemos lo opuesto de lo que aparece en la frente del Sumo Sacerdote, mostrando la estimación de Juan de en qué se han convertido la Ciudad Santa, el Templo de Dios y el

---

[6] *War* 5:5:4
[7] *War* 5:4:5

sacerdocio. (Curiosamente, Jeremías también menciona la frente ramera de Jerusalén en Jeremías 3:3).

EL PATRÓN DE LOS NOMBRES

Podríamos preguntarnos por qué Juan llama a Jerusalén con el nombre de «Babilonia», en lugar de por su nombre propio, lo hace siguiendo una pauta común de denuncia profética. Para comprender el significado de este tipo de nombres en las Escrituras, debemos reconocer el significado de los nombres bíblicos en general.

En la Escritura, los nombres no eran meras modulaciones tonales atractivas (como lo son demasiados nombres modernos). Más bien, cuando alguien llamaba a algo por su nombre, afirmaba su autoridad sobre esa persona o cosa y el nombre definía su carácter o su función. Por ejemplo, durante la semana de la creación, el soberano Creador nombra aspectos de su creación: "Llamó a la luz día, y a las tinieblas noche". (Gn 1:5 cp. vv. 8 y 10) También vemos que Adán nombra a los animales, para especificar su función bajo su dominio (Gn 2:19), que era un ejercicio de su "dominio" como imagen de Dios (Gn 1:26, 28). Incluso nombra a su esposa, mostrando el papel de ella en su reino como su ayudante para engendrar hijos. (Gn 2:23; 3:20)

A menudo, cuando un santo llega a una crisis o renovación espiritual, se le cambia el nombre para reflejar su nueva condición, carácter o función. Para ejemplos, véanse: Abram / Abraham (Gn 17:5); Jacob / Israel (Gn 32:27-28); Simón / Pedro (Mk 3:16; Jn 1:42). Curiosamente, los santos redimidos en el Apocalipsis reciben un nuevo nombre. (Ap 2:17) De hecho, en un lugar los redimidos reciben "el nombre de la ciudad de mi Dios, la nueva Jerusalén", que es un "nombre nuevo". (Ap 3:12)

Pero ¿por qué Juan no llama a la Jerusalén histórica por su nombre propio, "Jerusalén"?. El nombre "Jerusalén" significa "ciudad de paz, de plenitud". Debido a esta asociación con "paz", Juan *nunca* aplica este nombre a la Jerusalén histórica en el Apocalipsis; solo pertenece a la *nueva* Jerusalén. (Ap 3:12; 21:2, 10) Más bien, a medida que el carácter de la Jerusalén histórica se hace más evidente, acaba asignando el nombre de "Babilonia" a la vieja Jerusalén histórica condenada. Esta práctica de poner nombres es una forma de discurso de juicio profético. Isaías reprende a los gobernantes y al pueblo de Israel de manera similar:

> Oíd la palabra del Señor,
> gobernantes de Sodoma;
> Escuchad la instrucción de nuestro Dios,
> pueblo de Gomorra. (Is. 1:10)

Jeremías hace lo mismo:

> También entre los profetas de Jerusalén he visto una cosa horrible:
> Cometer adulterio y andar en falsedad;
> Y fortalecen las manos de los malhechores,
> de modo que nadie se ha apartado de su maldad.
> Todos ellos han llegado a ser para mí como Sodoma,
> y sus habitantes como Gomorra. (Je 23:14)[8]

Ezequiel también lo hace (Ez 16:46, 48, 53, 55). Como mostraré en mi siguiente punto, así es precisamente como Juan utiliza "Babilonia" para referirse a Jerusalén en el Apocalipsis.

Juan aplica nombres paganos

Como ardiente profeta del juicio, Juan le aplica a Jerusalén nombres que implican asociaciones bíblicas malignas. En Apocalipsis 11, sigue la forma específica de denuncia de Isaías cuando llama a Jerusalén «Sodoma» (Is 1:10; 3:9). Incluso añade a ese malvado apelativo el odiado nombre de «Egipto». Hablando de los dos profetas asesinados, él escribe:

> Sus cadáveres yacerán en la calle de la gran ciudad que místicamente se llama Sodoma y Egipto, donde también fue crucificado su Señor. (Ap 11:8)

Nótese que llama a esta ciudad "místicamente» Sodoma y Egipto, pero que en realidad la sitúa en el lugar "donde también fue crucificado su Señor", es decir, Jerusalén. (Lc 9:31; 13:33; 18:31; 24:18)

Más adelante en el Apocalipsis, Juan llama a Jerusalén "Babilonia". Parece que lo hace por la próxima destrucción del segundo Templo, el Templo de la época de Jesús. El primer Templo había sido destruido por la Babilonia histórica del Antiguo Testamento. (2 Re 25:8-9; 2 Cr 36:17-20; Es 5:12; Je 52:13) Ahora la misma Jerusalén se alinea con Babilonia

---

[8] Cp. La 4:9

como destructora del Templo al causar la destrucción final de la casa de Dios.

Juan emite denuncias contra Satanás

A lo largo del Apocalipsis, podemos ver a Satanás entre bastidores. Juan asocia a Israel con Satanás cuando denuncia a los judíos como meros reivindicadores de la herencia judía, quienes, en realidad, son miembros de la "sinagoga de Satanás". (Ap 2:9) Incluso les promete a los cristianos que serán testigos del derrocamiento de estos judíos inspirados por Satanás que tanto los habían perseguido:

> He aquí, yo haré que los de la sinagoga de Satanás, que se dicen ser judíos, y no lo son, sino que mienten: he aquí, yo haré que vengan y se postren a tus pies, y sepan que yo te he amado. (Ap 3:9)

La forma de represión de Juan nos recuerda las mismas palabras del Señor contra Israel durante su ministerio terrenal, donde menciona a Satanás, niega la relación de los judíos con Abraham y habla de la mentira:

> Respondieron y le dijeron: "Abraham es nuestro padre". Jesús les dijo: "*Si sois hijos de Abraham*, haced las obras de Abraham. . . *Vosotros sois de vuestro padre el diablo*, y queréis hacer los deseos de vuestro padre. Él es homicida desde el principio, y no permanece en la verdad, porque no hay verdad en él. Siempre que *habla mentira*, habla por su propia naturaleza; porque es mentiroso y padre de mentira". (Jn 8:39, 44)

Los judíos raciales del siglo I que rechazan a Cristo también rechazan su propia herencia; no son verdaderamente judíos en el mejor sentido del término (Ro 2:28-29; 9:6), aunque afirmen con frecuencia su relación con Abraham. (Mt 3:9; Lc 3:8; Jn 8:39; Ro 2:17)

Así que Juan sigue el ejemplo del Antiguo Testamento de llamar a Jerusalén con nombres paganos cuando se rebela contra Dios. Como vimos anteriormente, el nombre "Babilonia la Grande" aparece por primera vez en forma truncada como "la gran ciudad", que es donde Cristo fue crucificado, es decir, Jerusalén. (Ap 11:8)

El Contraste Literario

Las corrientes probatorias que estamos trazando parecen no cesar nunca. Ahora descubrimos otro afluente que fluye a través del Apocalipsis hacia la misma conclusión. Juan estructura el material centrándose en las dos principales imágenes femeninas del Apocalipsis de una manera que exige que las reconozcamos como imágenes positivas y negativas. Veamos cómo funciona esto.

Después de nombrar a la Ramera como "Babilonia la Grande" y de presentarla en todo su carácter malvado en Apocalipsis 17, Juan presenta su destrucción en Apocalipsis 18-19. Por ejemplo, leemos afirmaciones punzantes a la reina de Babilonia en el Apocalipsis 18-19.

Por ejemplo, leemos declaraciones punzantes a este efecto en el capítulo 18:

> Y clamó con gran voz, diciendo: ¡Caída, caída es la gran Babilonia! Y se ha convertido en morada de demonios y en prisión de todo espíritu inmundo, y en cárcel de toda ave inmunda y aborrecible». (Ap 18:2)

> "¡Ay, ay, la gran ciudad, Babilonia, la ciudad fuerte! Porque en una hora ha llegado tu juicio». (Ap 18:10)

> Y un ángel fuerte tomó una piedra como una gran piedra de molino y la arrojó al mar, diciendo: "Así será derribada con violencia Babilonia, la gran ciudad, y ya no será hallada". (Ap 18:21)

Después de haber profetizado su destrucción, el Apóstol introduce una nueva mujer en el clímax de su drama: "la ciudad santa, la nueva Jerusalén". (Ap 21:2):

> Y vi la ciudad santa, la nueva Jerusalén, que descendía del cielo, de Dios, dispuesta como una esposa ataviada para su marido.

En otros lugares, el Nuevo Testamento utiliza la nueva Jerusalén celestial para hacer juego con la antigua Jerusalén histórica:

> Esta Agar es el monte Sinaí, en Arabia, y corresponde a la Jerusalén actual, pues está esclavizada con sus hijos. Pero la Jerusalén de arriba es libre; es nuestra madre. (Gá 4:25-26)

LA RAMERA Y LA NOVIA

El escritor de Hebreos anima a los judíos profesos a permanecer fieles a su conversión cristiana, pues:

> Habéis llegado al monte Sion y a la ciudad del Dios vivo, la Jerusalén celestial, y a miríadas de ángeles. (He 12:22)

La forma en que Juan estructura estos capítulos finales añade una fuerte evidencia a la identidad de Babilonia como Jerusalén. Aquí aprendemos que, debido a la caída de la antigua Jerusalén, Dios envía a la «nueva Jerusalén» a ocupar su lugar. Intencionalmente describe a ambas mujeres utilizando la misma estructura literaria. Al igual que Cristo, quien enseña que el odre viejo del judaísmo no puede contener el vino nuevo del cristianismo (Mt 9:17), al igual que Pablo compara y contrasta el "antiguo pacto" con el "nuevo pacto" (2 Co 3:7-14; cp. He 8:1-13), así Juan establece un paralelismo entre la antigua y la nueva Jerusalén, mostrando que la nueva sustituye a la antigua.

La introducción de la mujer

Juan registra para nosotros su experiencia visionaria al presenciar tanto a la Gran Ramera como a la Novia del cielo. El registro es tan paralelo que una se convierte en la imagen negativa de la otra.

> *Uno de los siete ángeles que tenían las siete copas* vino y habló conmigo, *diciendo: «Ven aquí, te mostraré* el juicio de la gran ramera que está sentada sobre muchas aguas». (Ap 17:1)

> Y uno de los siete ángeles que tenían las siete copas llenas de las siete últimas plagas, vino y habló conmigo, diciendo: «Ven aquí, *te* mostraré la novia, la esposa del Cordero». (Ap 21:9)

El carácter de las mujeres

No solo eso, sino que las dos mujeres tienen un carácter contrastante que sugiere su relación.

> Y vino uno de los siete ángeles que tenían las siete copas y habló conmigo, diciendo: «Ven acá, te mostraré *el juicio de la gran ramera que está sentada sobre muchas* aguas». (Ap 17:1)

> Y uno de los siete ángeles que tenían las siete copas llenas de las siete últimas plagas, vino y habló conmigo, diciendo: «Ven aquí, te mostraré *la novia, la esposa del Cordero*». (Ap 21:9)

Los ambientes de las mujeres

El contraste positivo-negativo que opone la nueva Jerusalén a la antigua, continúa en la presentación de Juan. En ambos casos, el ángel se lleva a Juan, pero a entornos radicalmente distintos.

> Y me llevó en el Espíritu a un desierto; y vi a una mujer sentada sobre una bestia escarlata, llena de nombres blasfemos, que tenía siete cabezas y diez cuernos. (Ap 17:3)

> Me llevó en el Espíritu a un monte grande y alto, y me mostró la ciudad santa, Jerusalén, que descendía del cielo, de parte de Dios. (Ap 21:10)

La estructuración artística de Juan al ver a las dos mujeres demuestra un contraste intencionado. Esto subraya la relación de las dos mujeres, siendo una (la nueva Jerusalén) el reemplazo glorioso de la otra reprobable (la vieja Jerusalén).

CONCLUSIÓN

El Apocalipsis dramatiza el "cambio de guardia" en la historia redentora. Juan profetiza que el Señor juzgará a su pueblo del Antiguo Testamento y establecerá su Iglesia del Nuevo Testamento. Al hacerlo, sigue el modelo de sustitución de las advertencias de Jesús a Israel:

> Y yo os digo que vendrán muchos del oriente y del occidente, y se sentarán a la mesa con Abraham, Isaac y Jacob en el reino de los cielos; pero los hijos del reino serán echados a las tinieblas de afuera; allí será el lloro y el crujir de dientes. (Mt 8:11-12)

> Por eso os digo que el reino de Dios os será quitado, y será dado a una nación que produzca el fruto de él. (Mt 21:43)

En otras partes de las Escrituras aprendemos que el pueblo judío se convertirá un día a Cristo. (p. ej., Ro 11:1-25) La caída de Israel fue devastadora, pero no total. (Ro 11:11, 15) Los judíos llegarán a su Mesías en las mismas condiciones evangélicas que todos los demás. Sin embargo, se ha eliminado su lugar especial de prominencia en el plan de Dios. Su distinción geopolítica ha terminado; no será exaltada ni se distinguirá de las demás naciones. Isaías profetiza gloriosamente este cambio de estatus con estas palabras:

> En aquel tiempo habrá una calzada de Egipto a Asiria, y los asirios entrarán en Egipto y los egipcios en Asiria, y los egipcios adorarán con los asirios. En aquel día Israel será el tercero con Egipto y Asiria, una bendición en medio de la tierra, a quien el Señor de los ejércitos ha bendecido diciendo: "Bendito es Egipto, pueblo mío, y Asiria, obra de mis manos, e Israel, mi heredad". (Is 19:23-25)

Con la llegada del nuevo pacto "ya no hay judío ni griego", pues "todos vosotros sois uno en Cristo Jesús". (Gá 3:28)

5
Juicios Claves y su Significado

Hasta aquí he resaltado principios claves y personajes en el Apocalipsis. Creo que los capítulos precedentes son absolutamente cruciales para comprender correctamente este misterioso libro. En este capítulo destacaré algunos ejemplos históricos que demuestran la plausibilidad de un cumplimiento en el primer siglo. Pero antes de hacerlo, repasaré muy brevemente los puntos más destacados de la presentación precedente.

En el Apocalipsis, Juan profetiza el juicio divino sobre Israel, el cual resulta en la devastación del pueblo, la tierra y el Templo. Mediante este juicio, Dios elimina el Templo de la escena histórica de una vez por todas utilizando a los ejércitos romanos (a los que Jesús llamó proféticamente "sus ejércitos", Mt 22:7). El hecho de que Israel rechace a su Mesías y persiga a sus seguidores tiene consecuencias devastadoras y estas permiten expandir la verdadera fe por medio del nuevo pacto a una influencia mundial, sin las restricciones raciales, geográficas y rituales inherentes a la economía del antiguo pacto.

La clave principal para entender el Apocalipsis son las declaraciones iniciales del propio Juan sobre cuándo ocurrirán los acontecimientos. Juan les envía el Apocalipsis a los cristianos que sufren acerca de los acontecimientos que se aproximan rápidamente en sus vidas (por ejemplo, Ap 1:9; 6:9-11).

> La Revelación de Jesucristo, que Dios le dio para mostrar a sus siervos las cosas que deben suceder pronto; y la envió y comunicó por medio de su ángel a su siervo Juan. (Ap 1:1)

> Bienaventurado el que lee, y los que oyen las palabras de la profecía, y prestan atención a lo que en ella está escrito; porque el tiempo está cerca. (Ap 1:3)

Estos claros indicadores temporales arrojan una luz interpretativa esencial sobre la declaración temática de Juan:

> He aquí que viene con las nubes, y todo ojo le verá, aun los que le traspasaron; y todas las tribus de la tierra harán duelo por él. Así será. Amén. (Ap 1:7)

Juan emplea imágenes apocalípticas para enmarcar su tema. El lenguaje de la "venida" divina habla a menudo de juicios históricos, como el de Isaías 19:1 contra Egipto. Puesto que esta "venida" es contra "los que lo traspasaron", causando "duelo" a "las tribus de la tierra [o del país]", y puesto que "debe suceder pronto" (Ap 1:1), la interpretación correcta de este tema apunta al juicio del año 70 d.C. sobre Israel.

En capítulos anteriores, he trazado el flujo del Apocalipsis, a grandes rasgos, desarrollando los acontecimientos a corto plazo en términos del tema del juicio judío. En Apocalipsis 4, Juan ve a Dios sentado en su trono con capacidad judicial. En el capítulo 5, Dios le entrega al Mesías crucificado (cf. Ap 1:7; 5:5, 9, 12) su sentencia de divorcio contra Israel. En los capítulos 6-19 (con algunas interrupciones dramáticas), se centra en la pena capital de la esposa de Dios en el Antiguo Testamento por adulterio fornicario. En los capítulos finales, vemos a una nueva esposa que desciende del cielo para ocupar el lugar de la primera esposa de Dios juzgada.

En todo esto, señalé lo absurdo de interpretar el Apocalipsis de forma literalista. Juan escribió el Apocalipsis como un drama en estilo apocalíptico e hiperbólico. Aunque está escribiendo simbólicamente; sin embargo, está retratando acontecimientos históricos bajo esta apariencia simbólica.

Ahora estamos preparados para considerar algunos ejemplos del simbolismo altamente elaborado de Juan, el cual muestra cómo los acontecimientos históricos se esconden tras las imágenes. Las limitaciones de espacio y mi propósito introductorio me impiden hacer una exposición exhaustiva de las diversas profecías,[1] pero creo que unos

---

[1] Mi próximo comentario tratará el Apocalipsis con gran detalle: *The Divorce of Israel: A Redemptive-Historical Interpretation of the Book of Revelation*.

pocos ejemplos le mostrarán al lector la verosimilitud de su cumplimiento en el siglo I.

LA CAÍDA DE LAS MONTAÑAS Y LAS CUEVAS OCULTAS

Me centraré en dos elementos del Sexto Sello en Apocalipsis 6, ya que realmente abren las escenas del juicio.

Las montañas que se mueven

En Apocalipsis 6, una de las imágenes más dramáticas implica el temblor de todas las montañas al caer la ira de Dios.

> Y el cielo se partió como un pergamino que se enrolla; y todo monte y toda isla se movieron de su lugar. Y los reyes de la tierra y los grandes hombres y los comandantes y los ricos y los fuertes y todo esclavo y hombre libre, se escondieron en las cuevas y entre las rocas de las montañas. (Ap 6:14-15)

¿Cómo se explica el desplazamiento de todas las montañas? ¿Cuál es la realidad histórica que se esconde tras estas imágenes apocalípticas?

Para comprender las imágenes debemos considerar las circunstancias del siglo I en las que se produjo el asalto romano a Israel. Gran parte del terreno de Israel alrededor de sus ciudades importantes proporcionaba importantes defensas naturales que servían de impedimento a los ejércitos merodeadores. Esto es especialmente cierto para las fuerzas armadas de los ejércitos romanos, altamente ordenados y mecanizados. Josefo menciona con frecuencia los impedimentos montañosos a los que se enfrentaban los romanos:

> Agripa observó que incluso los asuntos de los romanos podían estar en peligro, mientras una multitud tan inmensa de sus enemigos se había apoderado de las montañas de los alrededores.[2]

> Ahora bien, Jotapata está casi toda ella construida sobre un precipicio, teniendo en todos sus lados valles inmensamente profundos y escarpados, de tal manera que a los que quisieran mirar hacia abajo les fallaría la vista antes de llegar al fondo. Solo se puede llegar a ella por

---

[2] *War* 2:19:3.

el lado norte, donde la parte más alta de la ciudad está construida sobre la montaña, ya que termina oblicuamente en una llanura. Cuando Josefo fortificó la ciudad, rodeó esta montaña con un muro para que los enemigos no pudieran apoderarse de su cima. La ciudad está cubierta por otras montañas, y no puede ser vista hasta que un hombre llega justo sobre ella. Y esta era la fuerte situación de Jotapata.

Vespasiano; por lo tanto, con el fin de probar cómo podía superar la fuerza natural del lugar, así como la audaz defensa de los judíos, tomó la resolución de proseguir el asedio con vigor. Para ello convocó a los comandantes que estaban bajo su mando a un consejo de guerra, y consultó con ellos de qué manera se podría gestionar el asalto con la mejor ventaja.[3]

Una gran multitud impidió que se acercaran, salieron de Jericó y huyeron a las partes montañosas que se extendían frente a Jerusalén, mientras que la parte que quedó atrás fue destruida en gran medida; también encontraron la ciudad desolada. Está situada en una llanura, pero una montaña desnuda y estéril, de una gran longitud, cuelga sobre ella, que se extiende a la tierra alrededor de Escitópolis hacia el norte, pero tan lejos como el país de Sodoma, y los límites máximos del lago Asphaltiris, hacia el sur. Esta montaña es toda ella muy accidentada y deshabitada, a causa de su esterilidad.[4]

Tras la imagen del desplazamiento de las montañas se esconde una característica notable de la guerra de asedio romana. Las legiones romanas contaban con equipos de demolición que se afanaban por superar las montañosas defensas a las que se enfrentaban. El desplazamiento de todas las montañas simboliza el éxito de su trabajo, como Josefo lo expresa.

Vespasiano estaba muy deseoso de demoler Jotapata, pues había recibido información de que la mayor parte del enemigo se había retirado allí y que, por otros motivos, era un lugar de gran seguridad para ellos. En consecuencia, envió tanto hombres de a pie como jinetes para allanar el camino, que era montañoso y rocoso, no sin dificultad para ser recorrido por hombres de a pie, pero absolutamente impracticable para los jinetes. Ahora bien, estos obreros lograron lo

---

[3] *War* 3:7:7-8.
[4] *War* 4:8:2.

que se proponían en cuatro días, y abrieron un amplio camino para el ejército.[5]

Pero Tito, con la intención de acampar más cerca de la ciudad que en el Scopus, colocó a tantos de sus jinetes y soldados de infantería escogidos como consideró suficiente frente a los judíos, para evitar que se lanzaran sobre ellos, mientras le daba órdenes a todo el ejército de allanar la distancia, hasta la muralla de la ciudad. Así que derribaron todos los setos y muros que los habitantes habían hecho alrededor de sus jardines y arboledas, y cortaron todos los árboles frutales que había entre ellos y la muralla de la ciudad, y rellenaron todos los huecos y abismos, y demolieron los precipicios rocosos con instrumentos de hierro; y así nivelaron todo el lugar desde el Scopus hasta los monumentos de Herodes, que colindaban con el estanque llamado el Estanque de la Serpiente.[6]

Estos dramáticos sucesos históricos de Josefo encajan bien con las dramáticas y simbólicas profecías de Juan. Dada la expectativa a corto plazo establecida por Juan y lo absurdo de una interpretación literal directa, nada impide al intérprete razonable reconocer estos acontecimientos como los cumplimientos históricos en vista.

Las cuevas escondidas

Es bastante fácil de entender hombres escondidos de manera literal, pero debemos darnos cuenta de la importancia que adquiere esta característica en la Guerra Judía. Su aparición en el Apocalipsis no es una simple cuestión de color local; era un asunto de gran trascendencia. Josefo registra muchos casos que muestran cómo las cuevas y cavernas fueron utilizadas por los judíos en sus intentos de escapar de la ira de los ejércitos romanos, por ejemplo:

> Y ese día los romanos mataron a toda la multitud que apareció abiertamente; pero en los días siguientes buscaron en los escondites y cayeron sobre los que estaban bajo tierra y en las cavernas.[7]

> Así pues, la última esperanza que les quedaba a los tiranos y a la banda de ladrones que les acompañaba, estaba en las cuevas y cavernas

---

[5] *War* 3:7:3.
[6] *War* 5:3:2.
[7] *War* 3:7:36.

subterráneas, adonde, si podían volar, no esperaban ser buscados, sino que procuraban que, después de que toda la ciudad fuera destruida y los romanos se marcharan, podrían volver a salir y escapar de ellos. Esto no era más que un sueño, pues no podían esconderse ni de Dios ni de los romanos. Sin embargo, dependían de estos subterfugios.[8]

Este Simón, durante el sitio de Jerusalén, estaba en la ciudad alta; pero cuando el ejército romano se metió dentro de las murallas, y estaban asolando la ciudad, entonces tomó a los más fieles de sus amigos con él, y entre ellos algunos que eran picapedreros, con las herramientas de hierro que pertenecían a su ocupación, y una gran cantidad de provisiones que les bastaría para un largo tiempo y se dejó caer con todos ellos en una cierta caverna subterránea que no era visible en la superficie.[9]

Contrariamente a las esperanzas judías, las montañas no eran inamovibles, ni las cavernas impenetrables. Como advierte Apocalipsis 6:16-17:

Dijeron a los montes y a las rocas: "Caed sobre nosotros y escondednos de la presencia del que está sentado en el trono, y de la ira del Cordero; porque ha llegado el gran día de su ira ¿y quién podrá sostenerse en pie?".

Sus esfuerzos por escapar fracasan, como señala Josefo:

Los romanos mataron a algunos de ellos, a otros los llevaron cautivos, y a otros los buscaron bajo tierra, y cuando encontraron dónde estaban, rompieron el suelo y mataron a todos los que encontraron.[10]

Ahora bien, hasta donde se había cavado antiguamente, avanzaban por él sin perturbación; pero donde se encontraban con tierra firme, cavaron una mina bajo tierra, y esto con la esperanza de que podrían avanzar tanto como para salir de debajo de la tierra en un lugar seguro, y por ese medio escapar. Pero cuando llegaron a hacer el experimento, vieron defraudadas sus esperanzas, pues los mineros solo pudieron avanzar poco, y además con dificultad,

---

[8] *War* 6:7:3.
[9] *War* 7:2:1.
[10] *War* 6:9:4.

hasta el punto de que sus provisiones, aunque las distribuyeron a medida, empezaron a faltarles.[11]

No pueden esconderse de la presencia de Dios ni de la ira del Cordero, pues nadie es "capaz de resistir". (Ap 6:17) La profecía de Juan es paralela a la anterior de Jesús en Lucas 23:28-30:

> Jesús, volviéndose a ellas, les dijo: "Hijas de Jerusalén, dejad de llorar por mí, y llorad por vosotras y por vuestros hijos. Porque he aquí que vienen días en que dirán: 'Bienaventuradas las estériles, y los vientres que nunca dieron a luz, y los pechos que nunca criaron'. Entonces comenzarán a decir a los montes: 'Caed sobre nosotros' y a las colinas: 'Cubridnos'".

Una vez más, la profecía de Juan encuentra un cumplimiento adecuado y relevante en la guerra judía del siglo I. Pero hay más.

La ciudad dividida y la Gran Ramera

Apocalipsis 16 revela la Séptima Copa de la ira de Dios. Como tal, continúa desarrollando los acontecimientos del año 70 d.C., proporcionándonos pruebas aún más dramáticas de un cumplimiento en el siglo I. En Apocalipsis 16:17-21, leemos:

> Y el sétimo ángel derramó su copa por el aire; y una gran voz salió del templo desde el trono, diciendo: "Está hecho". Y hubo relámpagos y voces y truenos; y hubo un gran terremoto, cual no lo había habido desde que el hombre está sobre la tierra, tan grande fue el terremoto, y tan poderoso. Y la gran ciudad se partió en tres partes, y cayeron las ciudades de las naciones. Y Babilonia la grande fue recordada delante de Dios, para darle la copa del vino de su ardiente ira. Y toda isla huyó, y las montañas no fueron halladas. Y enormes piedras de granizo, como de cien libras cada una, descendieron del cielo sobre los hombres; y los hombres blasfemaron contra Dios a causa de la plaga del granizo, porque su plaga fue extremadamente severa.

Me centraré en dos características notables de su profecía: la división de la ciudad en tres partes y el peso de las piedras de granizo.

---

[11] *War* 7:2:1.

La división de la ciudad

Un aspecto trágico de la Guerra Judía que José enfatiza repetidamente es la lucha interna en Jerusalén. Su guerra civil destruyó cualquier esperanza de un frente unificado contra el asedio de Roma a esta ciudad amurallada. De hecho, la división se produjo a lo largo de una *línea tripartita*, bien conocida por Josefo:

> Así pues, cuando Tito hubo atravesado el desierto que se extiende entre Egipto y Siria, de la manera antes mencionada, llegó a Cesarea, habiendo resuelto poner en orden sus fuerzas en ese lugar, antes de comenzar la guerra. Es más, mientras ayudaba a su padre en Alejandría a establecer el gobierno que Dios les había conferido recientemente, sucedió que se reavivó la sedición en Jerusalén y se dividió *en tres facciones*, y que una facción luchó contra la otra; lo cual, en casos tan malos, puede decirse que es algo bueno y el efecto de la justicia divina. (*Guerra* 5:1:1)

> Y ahora había *tres facciones traidoras* en la ciudad, la una separada de la otra. *Eleazar* y su partido, que guardaban las primicias sagradas, vinieron contra *Juan* en sus copas. Los que estaban con Juan saquearon al populacho, y salieron con celo contra Simón. Este *Simón* tenía su provisión de víveres de la ciudad, en oposición a los sediciosos. (*Guerra* 5:1:4)

Josefo lamenta la destructividad de esta facción tripartita: era "una sedición engendrada por otra sedición, y ser como una bestia salvaje enloquecida, que, a falta de alimento del exterior, cayó ahora en comer su propia carne". Considera esta división dentro de Jerusalén "el principio de la destrucción de la ciudad".[12] Como lo expresa la profecía de Juan: "Y la gran ciudad se dividió en tres partes, y cayeron las ciudades de las naciones". (Ap 16:19a)

El peso del granizo

Como he señalado, el Apocalipsis se desarrolla como un dramático juicio de pacto contra Israel por su adulterio espiritual contra Dios. En la ley de Dios, el adulterio se castigaba con la lapidación. (Dt 22:21) Esto no se le escapa a Juan, quien escribe:

---

[12] *War* 5:1:1.

> Y grandes piedras de granizo, como de cien libras [*del griego, talantiaia*, «talentos»] cada una, descendieron del cielo sobre los hombres; y los hombres blasfemaron contra Dios a causa de la plaga del granizo, porque su plaga era extremadamente severa. (Ap 16:21)

Una vez más Josefo nos proporciona material histórico que ayuda a explicar esta visión. Menciona el asedio romano de Jerusalén con catapultas, destacando específicamente el enorme tamaño de las piedras (el énfasis es mío):

> Las máquinas, que todas las legiones tenían preparadas, eran admirablemente ingeniosas; pero aun más extraordinarias eran las de la décima legión: las que lanzaban dardos y las que arrojaban piedras eran más fuertes y más grandes que las demás, con lo cual no solo repelían las excursiones de los judíos, sino que ahuyentaban también a los que estaban sobre los muros. Las *piedras que* arrojaban eran del peso de un talento [*del griego, talantiaia*], y eran transportadas dos estadios y más allá. El golpe que dieron no podía ser soportado, no solo por los que estaban primero en el camino, sino por los que estaban más allá de ellos por un gran espacio. En cuanto a los judíos, al principio observaron la llegada de la piedra, porque era de *color blanco*, y por lo tanto no solo podía ser percibida por el gran ruido que hacía, sino que también podía ser vista antes de que llegara por su brillo; por lo tanto, los vigías que estaban sentados en las torres les dieron aviso cuando se soltó la máquina y la piedra salió de ella, y gritaron en voz alta, en su propio idioma, el Stone Cometh, por lo que los que estaban en su camino se apartaron y se arrojaron al suelo; por este medio, y por protegerse así, la piedra cayó y no les hizo daño. Pero los romanos se las ingeniaron para evitarlo ennegreciendo la piedra, con lo que pudieron apuntarles con éxito, al no ser discernida la piedra de antemano, como hasta entonces; y así destruyeron a muchos de un solo golpe.[13]

Imaginen la escena: Jerusalén rodeada de catapultas que lanzan piedras *blancas* que pesan *un talento* cada una. Esto encaja increíblemente bien con la descripción simbólica que hace Juan de la destrucción como si se tratara de una enorme tormenta de granizo. Los acontecimientos históricos encajan perfectamente con las imágenes dramáticas. La interpretación histórica no es en absoluto absurda.

---

[13] *War* 5:6:3.

La sangre que fluye y las bridas de los caballos

En Apocalipsis 14:17-20 Juan registra la visión del baño de sangre que abruma a los enemigos de Dios:

> Y otro ángel salió del templo que está en el cielo, y tenía también una hoz aguda. Y otro ángel, el que tiene poder sobre el fuego, salió del altar; y llamó a gran voz al que tenía la hoz aguda, diciendo: «Mete tu hoz aguda, y vendimia los racimos de la vid de la tierra, porque sus uvas están maduras». Y el ángel blandió su hoz contra la tierra, y recogió los racimos de la vid de la tierra, y los echó en el gran lagar de la ira de Dios. Y el lagar fue pisado fuera de la ciudad, y salió sangre del lagar, hasta las bridas de los caballos, por una distancia de doscientas millas.

La Escritura simboliza con frecuencia a Israel como la vid de Dios. (Sl. 80:8; Is 5:1- 7; Je 2:21; 12:10; Ez 17:2, 6; 19:1, 10; Mt. 21:33-40) Juan sigue este modelo del Antiguo Testamento aquí en el Apocalipsis. ¿Dónde está este lagar que fue pisado "fuera de la ciudad"?. ¿Y cómo puede aplicarse este enorme flujo de sangre a los acontecimientos del año 70 d.C.?. ¿Creemos que la sangre fluyó realmente a lo largo de doscientas millas (en griego, 1600 *estadios*), y que era tan profunda como las bridas de los caballos?. Estas son las preguntas que vamos a considerar a continuación.

La distancia del flujo de sangre

Anteriormente vimos que Juan define "la ciudad" en el Apocalipsis como el lugar donde Cristo fue crucificado, es decir, Jerusalén (Ap 11:8). Esta "cosecha" ocurre en "la tierra", o sea, en "la tierra" de Israel (Ap 14:15-19; cp. Ap 1:7) en el lugar donde Jesús fue crucificado: «fuera de la ciudad» (Jn 19:20; cp. He 13:11-13). Todo esto encaja bien con el tema declarado por Juan (Ap 1:7). Curiosamente, la longitud de Israel como provincia romana era de 1664 estadios, justo la cifra que registra Juan. Lo sabemos por el cristiano del siglo III Antonius de Piacenza, quien escribió el *Itinerarium*, donde encontramos esta medida. Las imágenes de Juan sugieren que Israel sufrirá un baño de sangre que se extenderá por toda la tierra. Josefo informa de que "todo el país por el que habían huido estaba lleno de matanzas".[14]

La profundidad del flujo de sangre

La profundidad de la sangre es, por supuesto, físicamente imposible como una ocurrencia literal (pues la sangre se coagula en minutos cuando se expone al aire y no podría drenar grandes distancias en cantidades tan vastas). Sin embargo, podemos ver en la Guerra Judía acontecimientos que pueden ser representados simbólicamente por un derramamiento de sangre tan dramático. Josefo menciona los cadáveres y la sangre fluyendo en grandes masas de agua:

> Todo el país por el que habían huido estaba lleno de matanzas y el Jordán no se podía pasar, a causa de los cadáveres que había en él.[15]

Señala que "el mar estaba ensangrentado hasta muy lejos"[16] y que "se podía ver entonces el lago todo ensangrentado y lleno de cadáveres".[17]

Cuando Josefo relata la devastación final de Jerusalén, escribe que "la sangre corría por todas las partes bajas de la ciudad, desde la ciudad alta";[18] "el templo exterior estaba todo rebosante de sangre";[19] "la sangre de toda clase de cadáveres formaba lagos en los atrios sagrados";[20] y "toda la ciudad estaba bañada en sangre, hasta tal punto que el fuego de muchas de las casas se apagaba con la sangre de estos hombres".[21]

El significado del flujo de sangre

Así que históricamente la sangrienta carnicería se produjo no solo a lo largo y ancho de la tierra (1600 estadios, o 200 millas), sino tanto en mar como en tierra. Esto encaja con otras imágenes del Apocalipsis, como la del mar convirtiéndose en sangre (Ap 8:8; 16:3). Juan visualiza esto de forma dramática, como si la sangre fluyera hasta el fondo de las

---

[14] *War* 4:7:6.
[15] *War* 4:7:6.
[16] *War* 3:9:3.
[17] *War* 3:10:9.
[18] *War* 4:1:10.
[19] *War* 4:5:1.
[20] *War* 5:1:3.
[21] *War* 6:8:5.

bridas de los caballos. Sus imágenes son espectaculares e históricas. El Cordero degollado (Ap 5:5-8, 12) está derramando su ira (Ap 6:16-17) sobre quienes lo crucificaron. (Ap 1:7)

Conclusión

Aunque el cumplimiento del Apocalipsis en el siglo I sorprende al evangélico moderno, las pruebas de ello son sorprendentemente amplias y convincentes. Una vez que nos despojamos de un supuesto enfoque literalista del Apocalipsis, estamos en mejores condiciones de entender el libro tal como Juan lo concibió.

Aunque las grandiosas imágenes del Apocalipsis no son literales, retratan acontecimientos históricos. Cuando examinamos los registros históricos de la Guerra judía descubrimos increíbles correspondencias entre el símbolo de Juan y la realidad de Josefo. Solo he presentado unos pocos ejemplos ilustrativos, pero hay muchos más disponibles. Los acontecimientos que Juan predijo fueron realmente estremecedores para los judíos y cristianos del siglo I, de ahí que Juan utilizara imágenes sobrecogedoras.

6
El Milenio y las Resurrecciones

Cuando llegamos al final del Apocalipsis, dejamos en gran parte atrás las escenas de juicio para ver asuntos más gloriosos. En los dos últimos capítulos de Juan, llegamos a los resultados finales de los juicios de Dios. El Apocalipsis no está totalmente centrado en la ira y al juicio.

EL REINO MILENARIO DE CRISTO

En los capítulos precedentes, he demostrado que el Apocalipsis se centra en acontecimientos que «deben ocurrir pronto» porque "el tiempo está cerca". Descubrimos que los juicios espectaculares del Apocalipsis retratan las catástrofes históricas que condujeron al año 70 d.C.. Aunque no he podido explorar el material en profundidad, creo que podemos ver que los acontecimientos históricos en torno a la destrucción de Jerusalén y el Templo encajan fácilmente en las dramáticas imágenes del Apocalipsis.

Pero ahora nos encontramos con algo que no parece encajar: Apocalipsis 20 habla del reinado de 1000 años de Cristo. ¿Cómo podemos afirmar que 1000 años abarcan un período corto? En realidad, no es necesario, por la propia naturaleza del caso, 1000 años no ocurren "en breve". Si pudiéramos aplicar 1000 años a un período corto, entonces tendríamos que preguntar: ¿Por qué no podemos invertir el proceso, aplicando la limitación temporal "próximamente" para cubrir 1000 años?. En realidad, en Apocalipsis 20, Juan mira hacia el futuro lejano, más allá de los acontecimientos cercanos para descubrir sus *consecuencias*. Sin embargo, los 1000 años *comienzan* en el siglo I, de modo que el período milenario está arraigado en las expectativas a corto plazo del Apocalipsis. En Apocalipsis 20, Juan nos revela los *resultados a largo plazo* de los *juicios a corto plazo*. El capítulo 20 sitúa los juicios del primer siglo en el panorama histórico general. Veamos cómo debemos entender el reinado milenario de Cristo.

Los mil años

En Apocalipsis 20 leemos acerca del reinado de mil años de Cristo: "Serán sacerdotes de Dios y de Cristo, y reinarán con Él mil años" (Ap 20:6b). Sin embargo, debemos darnos cuenta de antemano de que, aunque es común en el debate escatológico, la designación del reinado de Cristo como de 1000 años de duración, es poco frecuente en las Escrituras, de hecho, solo aparece en este pasaje del libro más simbólico de ellas. Esto debería alertarnos sobre la posibilidad de que el período de 1000 años represente algo más grande y grandioso.

Imágenes del Apocalipsis

El Apocalipsis está repleto de un notable simbolismo. Ya lo vimos en nuestro capítulo inicial, donde señalé que Juan habla de langostas con rostro de hombre, dientes de león, coronas de oro y colas como de escorpión (Ap 9:7-8, 10). Vimos caballos con cabeza de león y cola de serpiente que eructaban fuego y humo (9:17). Nos asombró el dragón de siete cabezas, diez cuernos y siete coronas, capaz de derribar un tercio de las estrellas del cielo (12:3-4). Está claro que Juan no pretende que nos tomemos el Apocalipsis al pie de la letra. Tal vez esto sea cierto en el caso de los mil años.

Valor simbólico

Al reflexionar sobre la cifra "1000", descubrimos que las Escrituras utilizan a menudo ese valor preciso de forma simbólica, para representar consecuencias de gran alcance. La Biblia nos informa de que Dios les muestra su misericordia a 1000 generaciones (Éx 20:6), lo cual no implica que la generación 1001 no reciba misericordia. El Señor promete hacer a Israel 1000 veces más numeroso de lo que era en tiempos de Moisés (Dt 1:11), lo cual no establece un límite superior a su potencial de crecimiento. El Señor incluso reclama el ganado de 1000 colinas (Sl 50:10)-pero en ninguna parte se sugiere que el ganado de los otros millones de colinas de la tierra le pertenezca a alguien más. Tampoco podemos suponer que un día en los atrios celestiales de Dios es mejor que solo 1000 (Sl 84:10) pero ni un día más. Y seguramente no calcularíamos que el tiempo va desgastando gradualmente a Dios, ya que 1000 años se convierten en un día del tiempo de Dios (2 Pe 3:8), de tal manera que 2000 años duplican el impacto sobre Él a dos días, y así sucesivamente. Ninguna de estas afirmaciones debe interpretarse literalmente; la cifra 1000 expresa resultados asombrosos y consecuencias notables y de gran alcance, no una contabilidad numérica exacta.

El empleo generalizado de 1000 en las Escrituras nos disuade de limitar su suma real. De fijo, el hecho de que 1000 sea un número tan perfectamente redondeado, debería sugerir por sí mismo que se trata de algo más grande. El valor numérico 1000 parece hablar de perfección cuantitativa (10 x 10 x 10), lo cual lo convierte en una cifra de enormes consecuencias. Demostraré que los 1000 años comenzaron en el primer siglo, ya han consumido 2000 años de tiempo y aún no han terminado.

La atadura de Satanás

En Apocalipsis 20:1-3, Juan abre la visión del reinado de 1000 años de Cristo asociándolo con la atadura de 1000 años de Satanás:

> Y vi a un ángel que descendía del cielo, con la llave del abismo y una gran cadena en la mano. Y prendió al dragón, la serpiente antigua, que es el diablo y Satanás, y lo ató por mil años, y lo arrojó al abismo, y lo cerró y selló sobre él, para que no engañase más a las naciones, hasta que fuesen cumplidos los mil años; después de esto debe ser soltado por poco tiempo.

Como señalo arriba, los 1000 años *comienzan* en el primer siglo aunque no se *limitan* a él. ¿Qué representa esta atadura de 1000 años de Satanás? ¿Cuál es su propósito? ¿Cuándo comienza? Básicamente, esta imagen habla de la *restricción del poder de Satanás por parte de Cristo en el primer siglo para que el Evangelio pueda progresar en todo el mundo*.

La atadura de Satanás abiertamente declarada

El Señor Jesucristo mismo afirmó claramente que estaba atando a Satanás *durante* su ministerio terrenal. En Mateo 12, los fariseos lo acusan de estar aliado con Satanás. (Mt 12:24) Cristo señala lo absurdo de su acusación, puesto que su expulsión de demonios es lo contrario de lo que cabría esperar si estuviera aliado con Satanás. (12:25-27) A continuación, los reta a afrontar la verdad:

> "Pero si por el Espíritu de Dios expulso yo los demonios, entonces es que ha llegado a vosotros el reino de Dios. ¿O cómo puede alguien entrar en casa del hombre fuerte y apoderarse de sus bienes, si antes no ata al hombre fuerte? Y entonces saqueará su casa". (12:28-29)

En este pasaje declara su victoria sobre Satanás al entrar en él el "reino de Dios". Define su expulsión de los demonios mediante una parábola que muestra que *Satanás está siendo atado*: Satanás es el hombre fuerte; Cristo es el intruso que pretende apoderarse de la propiedad de Satanás (los endemoniados). Él *"ata primero al hombre fuerte"* antes de poder "saquear su casa". El Señor utiliza la misma palabra griega que Juan cuando habla de "atar": *deo*. Mateo 12 establece un paralelismo con Apocalipsis 20:1-6, mostrando la conquista de Satanás por parte de Cristo al traer el reino.

Este paralelismo de pensamiento se confirma en Apocalipsis 1:6. Cuando Juan abre el Apocalipsis, afirma que el reino de Cristo ya ha comenzado y que sus discípulos ya son "sacerdotes" en ese reino:

> Nos ha constituido en reino, sacerdotes de su Dios y Padre; a Él sea la gloria y el imperio por los siglos de los siglos. Amén.

Su "dominio" en el primer siglo incluye el dominio sobre el mayor enemigo del hombre: Satanás. Esto se corresponde perfectamente con Apocalipsis 20:1-6 (aunque descubriremos que este último pasaje está haciendo un punto particular para la historia general de Juan, en lugar de presentar una verdad general sobre el reino de Cristo). Apocalipsis 20:2, 6d dice:

> Y prendió al dragón, la serpiente antigua, que es el diablo y Satanás, y lo ató por mil años. . . . Serán sacerdotes de Dios y de Cristo y reinarán con Él durante mil años.

El Milenio y las Resurrecciones

Obviamente, Apocalipsis 1:6 exige que el reino de los sacerdotes ya exista y que el dominio de Cristo haya comenzado. De hecho, Apocalipsis 1:5 afirma que "Jesucristo" es "el soberano de los reyes de la tierra" ahora. Estas gloriosas realidades no se sitúan en un futuro lejano, aunque *se extenderán* y tendrán *consecuencias para* el futuro desde los días de Juan hasta el fin de la historia.

La atadura de Satanás legalmente cumplida

Cuando pensamos en la atadura de Satanás, no debemos interpretarla como una restricción absoluta sobre él como para que quede totalmente inoperante. Tomadas literalmente, las imágenes de Apocalipsis 20 sugieren tal interpretación, pero en realidad sucede algo más.

Cristo ata a Satanás de *hecho legal* en su muerte y resurrección. En Juan 12:31-32, leemos la contundente afirmación de Cristo de que Satanás "ahora" será "expulsado" como resultado de su inminente labor redentora en la cruz:

> *Ahora* el juicio está sobre este mundo; *ahora* el príncipe de este mundo será *expuls*ado. Y yo, si fuere levantado de la tierra, *atraeré a todos hacia mí*.

Aquí tenemos los dos componentes fundamentales de la atadura de Satanás en el Apocalipsis: Satanás mismo impactado negativamente; el mundo liberado del dominio satánico. En el Apocalipsis, Juan expresa estos asuntos así:

> Y prendió al dragón, la serpiente antigua, que es el diablo y Satanás, y lo ató por mil años, y lo arrojó al abismo, y lo cerró y selló sobre él, para que no engañase más a las naciones, hasta que fuesen cumplidos mil años... (Ap 20:2-3)

Vemos la victoria legal de Cristo sobre Satanás en otras referencias del Nuevo Testamento también. Dos de ellas hablan de su pérdida del dominio sobre los hombres.

> Cuando *hubo desarmado a los gobernantes* y a las autoridades, los exhibió públicamente, *habiendo triunfado sobre ellos* por medio de Él. (Col 2:14-15)

> Así que, puesto que los hijos participan de carne y sangre, Él también participó de lo mismo, para *dejar sin poder, mediante la muerte*, al

que tenía el imperio de la muerte, es decir, al diablo, y *librar a* los que por el temor a la muerte estaban sometidos a esclavitud toda la vida. (He 2:14-15)

Claramente, Apocalipsis 20 encaja con el patrón del Nuevo Testamento en otros lugares (ver también: Lc 10:18; Jn 16:11; 17:15; He 26:18; Ro 16:20; 1 Jn 3:8; 4:3-4; 5:18).

Explicación redentora de la atadura de Satanás.

La atadura de Satanás durante los 1000 años no implica su total inactividad, sino su constricción, su frustración. Después de todo, Jesús mismo declaró que había "atado" a Satanás durante su ministerio terrenal (Mt. 12:29) aunque Satanás seguía (¡y sigue!) obrando entre los hombres (p. ej., Ef 6:11-12; 1 P. 5:8; Sg. 4:7b). Seguramente, podríamos esperar que la representación *altamente simbólica* de Juan permitiera el mismo tipo de atadura, con el mismo tipo de actividad satánica constreñida que continúa.

Para entender la atadura de Satán, debemos considerar una vez más el telón de fondo del Antiguo Testamento en el Apocalipsis. Antes de la venida de Cristo, leemos sobre el singular cuidado de Dios al favorecer a Israel.

Ahora bien, si en verdad obedecéis mi voz y guardáis mi pacto, *seréis mi posesión entre todos los pueblos*, porque mía es toda la tierra. (Éx 19:5)

Solo a ti he escogido entre todas las familias de la tierra. (Am 3:2a)

Ninguna otra nación recibió los beneficios que se derivan de tal relación, pues:

Él declara sus palabras a Jacob,
Sus estatutos y sus ordenanzas a Israel.
No ha tratado así a ninguna otra nación;
Y en cuanto a sus ordenanzas, no las han conocido.
(Sl 147:19-20)

Como dice Pablo: La ventaja de Israel era "grande en todos los aspectos. En primer lugar, que se les confiaron los oráculos de Dios". (Ro 3:2)

El Milenio y las Resurrecciones

En consecuencia, el resto del mundo estaba bajo el dominio de Satanás, quien inspiró la adoración de falsos dioses en el Antiguo Testamento y por tal motivo, mantuvo a las antiguas naciones bajo su esclavitud mediante temibles engaños. El estudiante de historia antigua está familiarizado con la adoración universal de ídolos de la época. Cada nación tenía su propio panteón de dioses favorecidos a quienes adoraban. Muchos de los dioses más exaltados de las diversas civilizaciones son familiares incluso para los profanos: Isis, Osiris y Ra de Egipto; Cibeles (o Magna Mater) de Anatolia; Dionisio de Creta y Tracia; Atargatis de Siria; Dagón de Filistea; Ashur de Asiria; Marduk de Babilonia; Baal y Astarté de Canaán; An, Ki y Enki de Sumeria; Zeus de Grecia; y Júpiter de Roma. Podríamos ampliar la lista para incluir a los dioses de los hititas, moabitas, fenicios, ferezeos, árabes, arameos, iranios y muchos más.

Todas las civilizaciones antiguas tenían sus dioses (demonios) nacionales:

> Sin embargo, cada nación se hizo sus propios dioses en las diversas ciudades donde se asentaron, y los erigieron en los santuarios que el pueblo de Samaria había hecho en los lugares altos. (2 Re 17:29)

Satanás reinaba con gran poder engañoso antes de la era del Nuevo Testamento. En la tentación de Satanás a Cristo, aprendemos que Satanás

> lo llevó y le mostró todos los reinos del mundo en un momento de tiempo. Y el diablo le dijo: "Te daré todo este dominio y su gloria; porque me ha sido entregado, y lo doy a quien quiero". (Lc 4:5-6)

Nótese bien: Cristo no discute la pretensión de Satanás de dominar el mundo.

Con la victoria de Cristo en la cruz y la resurrección, esta situación cambia, pues, como dice Juan, Satanás queda "atado" para que "no engañe más a las naciones". (Ap 20:3) Así que Cristo emite la Gran Comisión para efectuar la liberación de los individuos y de las naciones mediante la conversión espiritual. Al principio de su ministerio, Satanás pudo tentarlo diciendo: "Te daré todo este dominio y su gloria, porque me ha sido entregado". (Lc 4:6) Ahora; sin embargo, Jesús declara rotundamente un nuevo estado de cosas:

> *"Toda autoridad me ha sido dada* en el cielo y en la tierra. Id, pues, y *haced discípulos a todas las gentes*, bautizándolas en el nombre del Padre y del Hijo y del Espíritu Santo". (Mt 28:18-19)

A causa de la victoria de Cristo, Pablo puede afirmar:

> Porque así nos ha mandado el Señor: "Te he puesto por luz de los gentiles, para que lleves la salvación hasta lo último de la tierra". (Hc 13:47)

Cristo lo comisionó al servicio apostólico, declarándole

> te envío a ti, del pueblo judío y de los gentiles, para que abras sus ojos a fin de que se conviertan de las tinieblas a la luz y del dominio de Satanás a Dios, para que reciban el perdón de los pecados y la herencia entre los santificados por la fe en Mí. (Hc 26:17-18)

Satanás está atado "para no engañar más a las naciones"; Cristo reclamó "toda autoridad" para poder "discipular a las naciones". Cualquier gentil que conozca a Cristo como Salvador es testimonio de este gran hecho de la atadura de Satanás.

El gobierno de Cristo

Aunque el reinado actual de Cristo ya se ha insinuado anteriormente, ahora me centraré más particularmente en su llegada al poder.

El anuncio evangélico

Cristo declara la autoridad de su reino durante su ministerio terrenal, durante el cual proclama enérgicamente que el reino está llegando, prohibiéndonos suponer que espera su Segunda Venida en un futuro lejano. Marcos 1:14-15 constituye una poderosa apertura del Evangelio de Marcos:

> Después de la detención de Juan, Jesús vino a Galilea predicando el Evangelio de Dios y diciendo: "El tiempo se ha cumplido y el Reino de Dios está cerca; arrepentíos y creed en el Evangelio".
>
> Esto abre su ministerio terrenal, marcando el tono de su predicación, curaciones y exorcismos.

El Milenio y las Resurrecciones

Cuando comparece ante Pilato hacia el *final* de su ministerio terrenal, Pilato le exige que responda si es o no rey. La respuesta del Señor es totalmente clara:

> Pilato le dijo: "¿Así que Tú eres rey?". Jesús respondió: *"Dices bien que soy rey*. Para esto he nacido y para *esto he venido al mundo*, para dar testimonio de la verdad. Todo el que es de la verdad oye mi voz". (Jn 18:37)

Por supuesto, su reino no era un reino de tipo terrenal, dotado de policía y ejércitos, pues declara:

> "Mi reino no es de este mundo. Si mi reino fuera de este mundo, entonces mis siervos estarían luchando, para que yo no fuera entregado a los judíos; pero tal como son las cosas, mi reino no es de este mundo". (Jn 18:36)

En lugar de ser un reino geopolítico que hace visible su presencia con su poderío político a través de una repentina conquista militar, el reino de Cristo es un reino espiritual-redentor que se hace presente en los corazones de los hombres a través de la conquista gradual del Evangelio:

> Habiendo sido interrogado por los fariseos acerca de cuándo vendría el reino de Dios, les respondió diciendo: "El reino de Dios no vendrá con señales para ser observado; ni dirán: "Mirad, aquí está", ni "Ahí está". Porque el Reino de Dios está en medio de vosotros". ((Lc 17:20-21)

Contrariamente a la opinión popular hoy día, Jesús nos disuade de esperar su reino como si fuera a establecerlo en su gloriosa y visible Segunda Venida. En las parábolas del grano de mostaza y de la levadura (Mt 13:31-33; Mc 4:26-29) explica el desarrollo gradual de su reino: crece poco a poco como la planta de mostaza y como la levadura; no estalla catastróficamente en toda su gloria.

Vemos esta visión del Rey y de su reino entre los primeros cristianos de los Hechos. En Hechos 8:12, Felipe declara el reino evangélico:

> Cuando creían a Felipe predicando la buena nueva sobre el reino de Dios y el nombre de Jesucristo, se bautizaban, hombres y mujeres por igual.

Pablo hace lo mismo al final de los Hechos:

> Y cuando le hubieron señalado un día, vinieron a él en gran número a su alojamiento; y él les explicaba testificando solemnemente acerca del reino de Dios, y tratando de persuadirles acerca de Jesús, tanto de la Ley de Moisés como de los Profetas, desde la mañana hasta la tarde. (Hc 28:23)

Anteriormente, en Hechos 17:7, las autoridades locales incluso se quejan de que los cristianos "todos actúan en contra de los decretos del César, diciendo que hay *otro rey*, Jesús".

La realidad evangélica

Según la teología bíblica de la salvación, los cristianos gobiernan espiritualmente con Cristo en su reino. Así como Juan enseña que los cristianos "reinarán con Él" (Ap 20:6c), también lo hace Pablo:

> Pero Dios, rico en misericordia, por su gran amor con que nos amó, aun estando nosotros muertos en nuestras transgresiones, nos dio vida juntamente con Cristo (por gracia habéis sido salvados), *y juntamente con él nos resucitó, y asimismo nos sentó en los lugares celestiales* con Cristo Jesús. (Ef 2:4-6)

> Porque nos libró del dominio de las tinieblas y *nos trasladó al reino de su amado Hijo*. (Col 1:13).

> Así pues, que nadie se jacte en los hombres. Porque *todo* os pertenece, sea Pablo, sea Apolos, sea Cefas, sea el mundo, sea la vida, sea la muerte, sea lo presente, sea lo por venir; *todo os pertenece, y vosotros a Cristo*; y Cristo a Dios. (1 Co 3:21-23)

Obviamente, las imágenes de Juan son más dramáticas que las de Pablo, pero eso es lo que cabe esperar de una obra literaria como el Apocalipsis. Sin embargo, como podemos ver, la idea básica de que el cristiano gobierna actualmente con Cristo aparece de forma no simbólica en otros lugares. Él gobierna actualmente su reino y nosotros representamos ese reino:

> De Jesucristo, el testigo fiel, el primogénito de los muertos y *el soberano de los reyes de la* tierra. A Aquel que nos ama, y nos ha librado de nuestros pecados con su sangre, *y nos ha constituido en*

reino, sacerdotes para su Dios y Padre; *a Él sea la gloria y el imperio por los siglos de los siglos.* (Ap 1:5-6)

LAS DOS RESURRECCIONES

En Apocalipsis 20, Juan menciona dos resurrecciones que asocia con el reinado del Señor:

> Y vi tronos, y se sentaron sobre ellos, y les fue dado juicio. Y vi las almas de los decapitados por causa del testimonio de Jesús y de la Palabra de Dios, y de los que no habían adorado a la bestia ni a su imagen, ni habían recibido la marca en la frente y en la mano; y *volvieron a la vida y reinaron con Cristo* mil años. *El resto de los muertos no volvieron a la vida hasta que se cumplieron los mil años.* Esta es la primera resurrección. (Ap 20:5-6)

Puesto que ya he argumentado que el reinado milenario de Cristo comienza en el siglo I ¿a qué se refiere Juan aquí? ¿Debemos esperar dos resurrecciones *corporales*? Estas son preguntas importantes que distinguen los puntos de vista futurista y preterista.

La resurrección corporal

Al comenzar a considerar la cuestión de las dos resurrecciones, debemos enfrentarnos a un problema potencial: si el Apocalipsis enseña dos resurrecciones físicas, es el *único* lugar de las Escrituras que lo hace. No solo eso, sino que contradiría el testimonio bíblico consistente en otros lugares. En todas las demás partes de la Escritura, encontramos *una sola* resurrección general que involucra a *todos los* muertos simultáneamente.

Nuestro Señor mismo enseña que la resurrección ocurrirá en "el último día". En Juan 6, lo declara repetidamente y luego afirma la misma verdad en Juan 11.

> Y esta es la voluntad del que me envió: que de todo lo que me ha dado no pierda nada, sino que *lo res*ucite en el último día. Porque esta es la voluntad de mi Padre: que todo el que mira al Hijo y cree en él, tenga vida eterna; y yo mismo *lo res*ucitaré en el último día. . . . Nadie puede venir a Mí, si el Padre que me envió no le atrae; y Yo *le* resucitaré en el último día. . . . El que come mi carne y bebe mi sangre tiene vida eterna, y *yo le res*ucitaré en el último día. (Jn 6:39-40, 44, 54)

> Marta le dijo: "Yo sé que resucitará en la resurrección del último día". (Jn 11:24)

Esta enseñanza del "último día" es particularmente importante, ya que está hablando de la resurrección de *los creyentes*. El popular enfoque dispensacionalista-futurista del Apocalipsis interpreta el capítulo 20 como la especificación de dos resurrecciones corporales distintas separadas por 1000 años: la primera resurrección, que implica solo a los creyentes en el rapto, y luego una segunda resurrección de los no creyentes al final del reino de Cristo diez siglos más tarde. Contrariamente a esta opinión popular, Cristo enseña que la resurrección de los creyentes se produce en "el último día", no 1000 años antes del último día, sino al puro final. Curiosamente, enseña esto en el Evangelio de Juan, que fue escrito por el autor del Apocalipsis. Seguramente Juan no contradiría a su Señor en estos dos libros que él mismo escribió.

Además, el Nuevo Testamento enseña que *todos los* hombres- creyentes e incrédulos por igual- serán resucitados *simultáneamente*. Esto sirve como otra complicación para el enfoque futurista popular, que distingue las (supuestas) dos resurrecciones:

> No os maravilléis de esto; porque vendrá *hora*, en que todos los *que están en los sepulcros* oirán su voz, y saldrán; los que hicieron buenas obras, a resurrección de vida; los que hicieron malas obras, a resurrección de condenación. (Jn 5:28-29)

Debemos notar que esto ocurre en "una hora" que está llegando, lo que habla de simultaneidad. También declara expresamente que *"todos los que están en los sepulcros oirán su voz"* en esa "hora". No veo de ninguna manera este pasaje para los dispensacionalistas. Y, de nuevo, esto fue escrito por el autor de Apocalipsis.

Pablo está de acuerdo con esta enseñanza de una resurrección simultánea de todos los hombres. En Hechos 24:15, dice:

> teniendo esperanza en Dios, la cual abrigan estos hombres, de que ciertamente habrá *resurrección* así *de justos como de impíos*.

Nótese que habla de ella como *"una* resurrección". Y que es "una resurrección *tanto* de justos como de impíos".

Esta enseñanza consistente en otros lugares nos lleva a entender que en el Apocalipsis, Juan nos está informando de algo más que de dos resurrecciones físicas. Pero ¿qué está enseñando?

El Milenio y las Resurrecciones

Podríamos sospechar inicialmente que Juan se refiere aquí a una verdad gloriosa enseñada en otras partes de las Escrituras: la resurrección espiritual que ocurre cuando Dios salva a los pecadores espiritualmente muertos dándoles nueva vida. Después de todo, Juan - el autor del Apocalipsis - registra la enseñanza de Jesús sobre un asunto que se refiere claramente a este tipo de distinción de resurrección. Volviendo a Juan 5:24-29, leemos sobre dos resurrecciones y una disparidad entre los fieles y los infieles:

> En verdad, en verdad os digo que *llega la hora, y ahora es*, en que los muertos oirán la voz del Hijo de Dios; y *los que la oigan vivirán*. Porque así como el Padre tiene vida en sí mismo, así también dio al Hijo que tuviese vida en sí mismo; y le dio autoridad para hacer juicio, porque es el Hijo del hombre. No os maravilléis de esto; porque *vendrá hora*, en que *todos los que están en los sepulcros* oirán su voz, y saldrán; los que hicieron buenas obras, a *resurrección de vida*; los que hicieron malas obras, a *resurrección de condenación*. (Jn 5:25-29)

La distinción que hace Jesús aquí implica dos tipos de resurrección: La que "ahora es" es una resurrección espiritual (surgir de la muerte espiritual a la vida espiritual en Cristo); la otra en una "hora [que] viene" es una resurrección física (surgir de la tumba a la vida física renovada).

De hecho, la Escritura habla de *la salvación* como una especie de resurrección, un paso de un estado de muerte a un estado de vida:

> De cierto, de cierto os digo: El que oye mi palabra, y cree al que me envió, *tiene vida eterna*; y no vendrá a condenación, mas *ha pasado de muerte a vida*. (Jn 5:24)

> Pero Dios, rico en misericordia, por su gran amor con que nos amó, aun estando nosotros *muertos* en nuestras transgresiones, *nos dio vida* juntamente con Cristo (por gracia habéis sido salvados), y juntamente con él nos *resucitó*, y asimismo nos sentó en los lugares celestiales con Cristo Jesús. (Ef 2:4-6)

> Sabemos que *hemos pasado de muerte a vida*, porque amamos a los hermanos. El que no ama permanece en la muerte. (1 Jn 3:14)

Juan podría estar presentando simbólicamente el nuevo nacimiento como la primera resurrección y la resurrección corporal de la muerte como una segunda resurrección. Este es el punto de vista agustiniano, un punto de vista que yo mismo defendía cuando escribí la primera edición de este libro. Pero desde entonces, me he dedicado a un análisis más profundo y centrado de Apocalipsis 20 y de cómo encaja en la narrativa más amplia de Juan.

Considere los siguientes tres cambios principales en mi comprensión. Estos tres aspectos son importantes en el debate milenario, así como en el flujo y el significado del Apocalipsis.

Las cuestiones afectadas

En primer lugar, en un principio yo sostenía que Apocalipsis 20:4 se refería a dos grupos. Sostuve la opinión agustiniana común de que los mártires representan a los cristianos difuntos en el cielo (la Iglesia triunfante) y que los confesores representan a los santos vivos en la tierra (la Iglesia militante) y juntos, estos dos grupos representan a todos los cristianos a lo largo de la historia de la Iglesia. Ya no acepto esta interpretación.

En segundo lugar, antes también sostenía que el hecho de que "volvieron a la vida y reinaron con Cristo" (Ap 20:4c) representaba la experiencia del nuevo nacimiento, en la que el cristiano se levanta de la muerte espiritual para sentarse con Cristo en los lugares celestiales. Sigo creyendo en esta posición *doctrinal*, ya que se enseña en varios lugares de las Escrituras (véase especialmente Ef 2:1-6). Sin embargo, no creo que esta sea una posición *exegética* apropiada *aquí* en Apocalipsis 20. En otras palabras, ahora creo que este punto de vista es buena teología pero mala exégesis, si tratamos de extraerla de Apocalipsis 20.

En tercer lugar, antes sostenía que "el resto de los muertos" que "no volvieron a la vida hasta que se cumplieron los mil años" (Apocalipsis 20:5) apuntaba a la resurrección corporal de todos los no salvos al final de la historia como parte de la resurrección general de todos los hombres. Como cristiano ortodoxo creo, por supuesto, que Juan enseña una resurrección general de todos los hombres, incluso la enseña en Apocalipsis 20, pero ahora creo que deja esto para los versículos 11-15.

El problema creado

En Apocalipsis, Juan toma imágenes de las Escrituras del Antiguo Testamento, a menudo *reelaborándolas*, *reestructurándolas* y *aplicándolas de nuevo*. De hecho, está extrayendo material de las Escrituras para construir su propio mundo simbólico. Su mundo simbólico presenta e incluye principalmente la dramática experiencia histórica judeocristiana del siglo I que conduce a la destrucción del templo en el año 70 d.C.

Una característica distintiva del Apocalipsis es su extraña gramática, la cual no sigue la estructura griega estándar. Al parecer, Juan asume conscientemente el manto de los profetas clásicos (como también lo hizo Juan el Bautista) y, al hacerlo, imita el hebreo de los profetas del antiguo pacto, cuyo material adopta y reaplica en abundancia. Varios eruditos señalan que los hebraicismos torpes de Juan tienden a aparecer en su material visionario más que en sus otras secciones.[1]

Todo ello se debe a un designio; no se debe a la incapacidad de Juan para escribir en griego (véase el griego de su Evangelio y Epístolas para una forma griega más estándar). Se está "convirtiendo" en un profeta del Antiguo Testamento para asumir su desafío a Israel, similar al del Antiguo Testamento. Así, Juan se acerca a Israel como Isaías (véase especialmente Is 1), Jeremías (véase especialmente Je 2-3) y Ezequiel (véase especialmente Ez 2-6, 16).

La explicación ofrecida

Mis tres cambios aparecen en dos lugares del texto. Aunque aparentemente pequeños, tienen implicaciones radicales. En mi opinión, el debate escatológico (los puntos de vista "milenaristas") no necesita llegar a Apocalipsis 20 en absoluto. Es mejor librarlo en cualquier otro lugar de las Escrituras, *casi* en cualquier otro lugar de las Escrituras. El postmilenialismo y el amilenialismo ciertamente no dependen de Apocalipsis 20, aunque el dispensacionalismo y el premilenialismo absolutamente sí. De hecho, Apocalipsis 20, aunque sirve *como* pasaje fundamental para el premilenialismo y el dispensacionalismo, en realidad crea problemas irresolubles que socavan esos sistemas.

---

[1] Por ejemplo, Vern. S. Poythress, "Johannine Authorship and the Use of Intersentence Conjuctions in the Book of Revelation", *Westminster Theological Journal* 47 (1985):329-36. Vea también J.P.M. Sweet, *Revelation* (Philadelphia: Westminster, 1979), 16.

Los dos serán uno

Juan escribe en Apocalipsis 20:4b:

> Vi las almas de los decapitados por causa del testimonio de Jesús y de la Palabra de Dios, y de los que no habían adorado a la bestia ni a su imagen, ni habían recibido la marca en la frente y en la mano.

Anteriormente, sostuve que esto presenta dos grupos separados, mártires y confesores, que a su vez representan a todos los cristianos en la historia, muertos o vivos. Como tal, originalmente pensé que estos grupos representaban a toda la Iglesia cristiana a lo largo de la era cristiana.

Ahora creo que Juan imagina *un solo* grupo: los mártires difuntos que no adoraron a la bestia. La frase "y aquellos" en griego es: *kai oitines*. Esta cláusula de pronombre relativo *puede ir en cualquier sentido*: A veces puede *separar* dos ideas; otras veces, puede *explicar* mejor una idea. Es decir, gramaticalmente puede referirse a un grupo o a dos. ¿Cuál es en este caso? Los expertos están divididos.

Yo creo que se refiere al grupo de personas precedente y añade alguna información explicativa. Empecé a darme cuenta de que en todas las demás partes del Apocalipsis, Juan utiliza *hostis* para explicar lo anterior. Por ejemplo, en Apocalipsis 1:12, se vuelve para ver la voz, la *que* (*hetis*) hablaba con él. En Apocalipsis 11:8, los cuerpos de los dos profetas yacen en la gran ciudad, la ciudad *que* (*hetis*) se llama místicamente Sodoma y Egipto. En Apocalipsis 12:13, el dragón persigue a la mujer, la *que* (*hetis*) da a luz al niño. En Apocalipsis 19:2, Dios juzga a la gran ramera, la *que* (*hetis*) está corrompiendo la Tierra.

Entonces me di cuenta de que después de que "vio tronos, y se sentaron sobre ellos, y les fue dado juicio" (Ap 20:4a), "vio las almas de los decapitados". Debido a que vio *almas* en los tronos y puesto que menciona específicamente a personas *decapitadas* y puesto que en el contexto "volvieron a la vida", parece bastante claro que se refiere *solo* a creyentes fallecidos en el cielo. Pero esto no es todo.

Estos entronizados no solo han fallecido, sino que lo han hecho en circunstancias específicas. Han sido asesinados judicialmente: la decapitación era una forma habitual de pena capital, bien conocida en el Imperio romano. (cf. Mt 14:10) Significativamente, esta imaginería aparece en toda la historia precedente del Apocalipsis, donde la bestia romana y la ramera de Jerusalén se emborrachan con la sangre de los santos. (Ap 13:7; 17:6)

Es más, ahora me doy cuenta de que estructuralmente, Apocalipsis 20:4 es en realidad la respuesta a la oración de Apocalipsis 6:9-11. De hecho, repite claramente varios de los mismos pensamientos y palabras. Apocalipsis 6:9-11 habla de «las almas de los que *habían muerto*. Ellos no solo cayeron y murieron; fueron *masacrados* (*esphagmenōn*, Apocalipsis 6:9). Están clamando para que Dios vengue [*ekdikeis*] su sangre en aquellos que «habitan en la Tierra [*tēs gēs*]». (Ap 6:10) Ap 20:4 y 6:9 son dobletes, basados en una redacción replicada y fuertes paralelismos. Note:

APOCALIPSIS 20:4	APOCALIPSIS 6:9
Y vi las almas de los que habían sido *decapitados* a causa del *testimonio* de Jesús y de la *Palabra de* Dios .	Vi debajo del altar las *almas* de los que habían sido *degollados* a causa de la *Palabra* de Dios y por el *testimonio* que habían mantenido.

Las palabras exactas son: *eidon* ("vi"), *tas psuchas* ("las almas") y *dia* ("porque"). Además, las alusiones claras son: *ton esphagmenōn* ("de los asesinados"[2]) / *ton pepelekismenōn* ("de los decapitados") y *ton logon tou theou* ("la Palabra de Dios") / *tēn marturian* ("el testigo" o "testimonio").

Yo diría que estos dos pasajes representan la promesa y el cumplimiento. En Apocalipsis 6:9, las almas están bajo el altar del cielo orando por la vindicación y recibiendo la *promesa* de tal a su debido tiempo. Pero en Apocalipsis 20:4, *reciben* realmente su vindicación al concedérseles el derecho a sentarse en juicio sobre sus enemigos (cp. Ap 19:2). Para aquellos atrapados en el terror terrenal, los mártires parecerían ser trágicamente destruidos y totalmente perdidos en la lucha (cp. Ap 11:9-10; 13:7, 15). También le parecería al mundo en general que los mártires han perdido la batalla y que los perseguidores vivos han ganado la victoria. Pero Juan, como es característico en él, ofrece una

---

[2] *Esphagegmenon* implica una muerte violenta que se corresponde bien con la imagen de la decapitación. Esta es la misma palabra griega que describe el Cordero "que ha siso inmolado".

visión celestial, mostrando que estos están realmente vivos y entronizados con Cristo.

A las "almas" en el altar en Apocalipsis 6:11 se les dice que "descansen un poco más", hasta que otros se les unan en una *muerte de mártires*, siendo "asesinados incluso como ellos lo habían sido". Puesto que la venida del juicio de Cristo contra Israel en Apocalipsis 19:11ss (cp. Ap 6:12-17) resulta en la gloria de Apocalipsis 20:1-4, Juan parece estar afirmando que para el año 70 d.C., los mártires serán vindicados dentro del marco de tiempo prometido de "un poco de tiempo" (*chronon mikron*, Ap 6:11; cp. Lc 18:7-8). Así pues, su "vuelta a la vida", cumplimiento de la promesa que se les hace *cuando ya están en el cielo* (Ap 6:11), parece ser una imagen de su *vindicación* en la *muerte* de sus adversarios en el año 70 d.C., y no en el momento mismo en que los mártires entran en el cielo. Esto es exclusivo de Juan, pero su obra es única en muchos aspectos.

Debemos reconocer el alineamiento político entre Israel y Roma cuando los judíos gritan: "No tenemos más rey que el César. Crucifícalo". (Jn 19:15c) Esta visión cumple la promesa de que Cristo

> hará que los de la sinagoga de Satanás, que se dicen judíos, y no lo son, sino que mienten: he aquí que yo haré que vengan y se postren a tus pies, y sepan que yo te he amado. (Ap 3:9)

Ese cumplimiento estaba "a punto de llegar [*mellouses erchesthai*]" pronto en la experiencia del primer siglo, pues "viene pronto" para juzgar. (Ap 3:10, 11) Y aunque al principio deben esperar ese "poco de tiempo" (Ap 6:11), las *consecuencias* de su pronta vindicación abarcarán un enorme período de tiempo: "Los acontecimientos que ocurren durante la Guerra judía (67-70 d.C.), especialmente la destrucción del templo, representan "su recompensa" (Ap 11:18; cp. 18:20; 19:1-3), ya que sus enemigos son destruidos y su reinado triunfante y duradero comienza en serio.

Ahora bien, todo esto significa que los que están en los tronos en el milenio no son cristianos *vivos*. Tampoco son simplemente cristianos *difuntos*, tampoco son cristianos de todas las épocas. Son cristianos *difuntos en el cielo*, quienes fueron *martirizados* en el *primer siglo*. Este es el punto de Juan: ¡Mantened la fe! Resistid a vuestros opresores. Seréis recompensados en el cielo aunque muráis. De hecho, así es como introduce su libro: "Yo, Juan, vuestro hermano y copartícipe en la tribulación, el *reino* y *la perseverancia* que son en Jesús". (Ap 1:9)

Por supuesto, la recompensa celestial espera a todos los cristianos en todas las épocas, pero ese no es el punto de *Juan aquí*. Aprendemos esta verdad ampliada de otras Escrituras. Aquí, en Apocalipsis 20, está hablando desde un contexto particular al completar la llamada de larga duración a aceptar el martirio en lugar de sucumbir a la bestia o al falso profeta. ¿Recuerda que Hebreos les advierte a los judíos convertidos a Cristo que no apostaten, sobre todo porque el antiguo pacto está "caduco y envejeciendo" y "a punto de desaparecer" (He 8:13)? Juan hace lo mismo en el Apocalipsis, pero de forma más dramática.

Así que mis dos primeros cambios en la comprensión de Apocalipsis 20 son: Ahora solo veo un grupo en la visión; y ese grupo solo incluye a los mártires del primer siglo. Juan está escribiendo una epístola *ocasional* que trata de *asuntos históricos concretos*: su *enseñanza expresa* se refiere a la Iglesia perseguida del siglo I y a sus dos perseguidores, Roma e Israel.

El resto de los muertos

Ahora, habiendo cambiado mi punto de vista respecto a los ocupantes de los tronos de Apocalipsis 20:4, surge otra pregunta: ¿Quiénes son "el resto [*hoi lopoi*] de los muertos" (Ap 20:5) que están siendo colocados frente a los entronizados? Puesto que Apocalipsis 20:1-6 sigue a Apocalipsis 19:11-21,[3] el contexto de Juan ofrece una pista para entender "el resto de los muertos" que "no volvieron a la vida hasta que se cumplieron los mil años". (Ap 20:5) Debemos interpretar a este grupo *contextualmente* en términos del fluir literario de Juan y de la línea dramática de la historia.

El "resto de los muertos" son los otros muertos que acabamos de mencionar en el contexto anterior. ¿Quiénes son los últimos que hemos oído que han muerto *en la narración de* Juan? Apocalipsis 19:19-21 responde a esta pregunta:

> Y vi a la bestia y a los reyes de la tierra y sus ejércitos, reunidos para hacer guerra contra el que estaba sentado sobre el caballo, y contra su ejército. Y fue apresada la bestia, y con ella el falso profeta que hacía las señales en su presencia, con las cuales engañaba a los que habían recibido la marca de la bestia y a los que adoraban su imagen; estos

---

[3] En mi comentario demostraré que Ap 20 no recapitula Ap 19: 11ff. Apocalipsis 20 *resulta de* la acción del juicio de Cristo en Apocalipsis en Ap.19:11ff (que trata desde el año 70 d.C.).

dos fueron lanzados vivos al lago de fuego que arde con azufre. Y *los demás* [*hoi lopoi*] fueron muertos con la espada que salió de la boca del que estaba sentado sobre el caballo, y todas las aves se saciaron de su carne.

"El resto" de los muertos son los aliados de la bestia del primer siglo y su falso profeta, los responsables de ejecutar a los mártires. En Apocalipsis 19:20, la bestia y el falso profeta son arrojados directa e inmediatamente al lago de fuego, lo que acentúa su papel de liderazgo en la oposición a Dios y a su pueblo. Pero "los demás [*ho lopi*] fueron muertos con la espada que salió de la boca del que estaba sentado sobre el caballo". La bestia es Nerón (particularmente), y el falso profeta es la aristocracia sumo sacerdotal judía; así que sus ejércitos son sus partidarios en la persecución y la guerra contra el Cordero.

Juan está animando a su audiencia del primer siglo a resistir a sus asaltantes. Esos enemigos tienen una victoria vacía: morirán y yacerán en las cadenas de las tinieblas hasta la resurrección al final de la historia. Pero los mártires no solo entrarán en el cielo y en la bienaventuranza eterna, sino que después de entrar en el cielo serán elevados, "volverán a la vida" y comenzarán a reinar en presencia de Dios y de Cristo.

Recuerde: Cristo muere y es resucitado, luego asciende al cielo, se sienta a la diestra de Dios en victoria y es vindicado públicamente contra sus verdugos en el año 70 d.C. Como Jesús les advierte al sumo sacerdote y al Sanedrín durante su juicio:

> Vosotros mismos lo habéis dicho; pero yo os digo que dentro de poco veréis al Hijo del hombre sentado a la diestra del Poder, y viniendo sobre las nubes del cielo. (Mt 26,64; cp. Mk 9:1)

Del mismo modo, sus fieles mártires también morirán, resucitarán y experimentarán la vindicación celestial. Así, ellos vivirán realmente en la gloria del triunfo y la vindicación celestial mientras sus perseguidores mueren en la ignominia. Este es el punto de *Juan*. Esto concuerda con todo lo que ha estado diciendo anteriormente.

7
La Nueva Creación y la Iglesia

En Apocalipsis 21, leemos la visión de Juan de los nuevos cielos y la nueva tierra. Ya he aludido a esto en el estudio del Gran Ramera Apocalipsis 21, ya que ella se opone a la "novia adornada para su esposo". Pero debemos volver sobre este tema y dar detalles más directos sobre la nueva creación en sí:

> Y vi un cielo nuevo y una tierra nueva; porque el primer cielo y la primera tierra pasaron, y ya no hay mar. Y vi la ciudad santa, la nueva Jerusalén, que descendía del cielo, de Dios, dispuesta como una esposa ataviada para su marido. (Ap 21:1-2)

Juan presenta aquí a la esposa del Señor como una nueva creación, un "cielo nuevo y una tierra nueva", pues "el primer cielo y la primera tierra pasaron". (Ap 20:1) Los cristianos ortodoxos creen que, al final de la historia, entraremos literalmente en los cielos nuevos y la tierra nueva *consumados* en cuerpos físicos renovados mediante la resurrección física. Sin embargo, la imagen de Juan de la nueva creación representa una realidad *presente* que *el orden consumado acabará cumpliendo, perfeccionando y sustituyendo*. La imagen de Juan es una imagen de la salvación del nuevo pacto que llega al mundo en el siglo primero. Veamos cómo puede darse esto.

La Nueva Creación Declarada

Desde Apocalipsis 21:1 hasta el 22:5, Juan describe a esta Novia de la nueva creación, y al hacerlo pinta un cuadro ideal de la fe cristiana en el tiempo y en la tierra. La evidencia de una nueva creación presente es la siguiente.

El marco temporal

La descripción de la nueva creación termina en Apocalipsis 22:5. *Inmediatamente* después de esta descripción leemos:

> Y me dijo: Estas palabras son fieles y verdaderas; y el Señor, el Dios de los espíritus de los profetas, envió a su ángel para mostrar a sus siervos las cosas que *deben suceder pronto*. (Ap 22:6)

Parece exegéticamente improbable que podamos conjeturar que la descripción precedente se aplique realmente a una realidad de miles de años en el futuro.

El flujo dramático

Recordando una vez más nuestro estudio anterior, debemos recordar que Juan presenta el divorcio y la pena capital de la esposa de Dios del Antiguo Testamento en las escenas del juicio del Apocalipsis. La Gran Ramera es destruida por sanciones judiciales dejando a Dios sin esposa. Nosotros esperaríamos que una vez que la esposa infiel es castigada, Él tomaría a su nueva esposa de inmediato: ¿Por qué estaría Dios sin pueblo en la historia? En otras palabras, esperamos que el orden de la Nueva Jerusalén sustituya inmediatamente al de la Antigua Jerusalén, al igual que el nuevo pacto superó inmediatamente al antiguo pacto (He 8:13). Una brecha no parece razonable, especialmente a la luz del marco de tiempo establecido.

El lenguaje de la Nueva Creación

Como ya se ha dicho, la nueva creación *comienza a* fluir en la historia y a influir en ella en el Siglo I, mucho *antes* del orden consumado. Una vez más, Juan retoma imágenes del Antiguo Testamento. Comparemos la declaración de Juan con la profecía veterotestamentaria de Isaías para ver que Isaías es la fuente evidente de su descripción (véanse los dos textos comparados que siguen).

Dada la predilección de Juan por el material del Antiguo Testamento, me resulta imposible negar que estas afirmaciones tan similares se refieren al mismo fenómeno.

Un primer vistazo a cualquiera de los dos pasajes inclina al lector a conjeturar que el escritor está hablando del orden eterno, perfeccionado

APOCALIPSIS 21:1,4	ISAÍAS 65:17-19
Y vi un cielo nuevo y una tierra nueva; porque el primer cielo y la primera tierra pasaron, y ya no hay mar. . . . Y enjugará toda lágrima de sus ojos; y ya no habrá muerte; ya no habrá llanto, ni clamor, ni dolor; las primeras cosas pasaron.	Porque he aquí que yo creo cielos nuevos y tierra nueva, y de lo primero no habrá memoria ni vendrá al pensamiento. Pero alégrense y regocíjense para siempre en lo que yo creo; porque he aquí, yo creo a Jerusalén para regocijo, y a su pueblo para alegría. Yo también me alegraré en Jerusalén, y me gozaré en mi pueblo; y ya no se oirá en ella voz de lloro ni sonido de clamor.

y consumado. Sin embargo, las apariencias engañan, pues ningún cristiano ortodoxo cree que en el orden eterno alguien dará a luz hijos, experimentará el pecado, envejecerá, morirá y sufrirá la maldición. No obstante, el siguiente versículo de Isaías dice:

> Ya no habrá en ella *niño* que viva pocos días, ni *anciano* que no cumpla sus días; porque el joven *morirá* a los cien años, y el que no llegue a los cien años será tenido por *maldito*. (Is 65:20)

¿Cómo debemos entender la descripción poética que hace Isaías de la nueva creación?

Isaías está profetizando la llegada del reino del nuevo pacto de Cristo, la era del Evangelio, la era de la Iglesia y Juan está ampliando ese tema. Después de todo, el propio Pablo compara la salvación con una nueva creación, incluso utilizando el lenguaje de Isaías:

> Por tanto, si alguno está en Cristo, *nueva criatura* es; *las cosas viejas pasaron*; he aquí todas son hechas *nuevas*. (2 Co 5:17)

> Pero que nunca me gloríe yo, sino en la cruz de nuestro Señor Jesucristo, por quien el mundo fue crucificado para mí, y yo para el mundo. Porque ni la circuncisión es algo, ni la incircuncisión, sino una *nueva creación*. (Gá 6:14-15)

La declaración de Pablo de que "las cosas viejas pasaron; he aquí que han llegado las cosas nuevas" también concuerda estrechamente con la declaración de Dios en Apocalipsis 21:1, 5:

> Y vi un cielo nuevo y una tierra nueva; porque el primer cielo y la primera tierra pasaron, y ya no hay mar. . . . Y el que está sentado en el trono dijo: "He aquí que hago nuevas todas las cosas".

La Nueva Novia Descrita

Si esta nueva esposa representa a la Iglesia ¿qué significan todas estas audaces y dramáticas imágenes? Dado el carácter dramático del Apocalipsis, Juan habla de la Iglesia en términos e ideales elevados debido a su posición redentora con Dios. Juan presenta su reposo glorioso y seguro basado en sus promesas proféticas. Aunque en la época de Juan la Iglesia estaba sometida a un asalto implacable, Juan ve a través de la "niebla de guerra" y la visualiza tal como está ante Dios, virtualmente fusionando las fases celestial y terrenal de la Iglesia.

La imagen que presenta no es solo simbólica, sino también protensiva: contempla los *resultados finales* de la realidad redentora presente. Esta visión protensiva es común en las Escrituras, como cuando leemos que el «vino nuevo» se encuentra en el «racimo» (Is 65:8). Obviamente, *las uvas* se encuentran en los racimos, no son el producto final del vino nuevo. Pero la cualidad inherente de la uva para producir vino y su uso común para tal fin, le permiten al poeta ver el vino en desarrollo a través del producto original. Juan es capaz de ver en la histórica y perseguida Iglesia del siglo I la belleza que le es propia por su origen celestial, su bendición divina, sus promesas redentoras y su gloria futura.

La ausencia del mar

En Apocalipsis 21:1-2, vemos a la nueva creación/novia nueva Jerusalén descendiendo de Dios desde el cielo. Desciende a una tierra en la que no existe el mar:

> Y vi un cielo nuevo y una tierra nueva; porque el primer cielo y la primera tierra pasaron, y ya no hay mar. Y vi la ciudad santa, la nueva Jerusalén, que descendía del cielo, de Dios, dispuesta como una esposa ataviada para su marido. (Ap 21:1-2)

La ausencia del mar representa un mundo en paz y armonía, un mundo ganado para el Evangelio. Como la semilla de mostaza que crece hasta convertirse en una gran planta, así la Iglesia del primer siglo llevará su mensaje de paz a todo el mundo. No debido a alguna nueva intrusión en el futuro distante, sino por su establecimiento histórico en el primer siglo.

En el Antiguo Testamento, el mar embravecido sirve como imagen de un mundo inquieto y rebelde cargado de pecado.

> Pero los impíos son como el mar agitado, porque no puede aquietarse, y sus aguas arrojan desperdicios y lodo. (Is 57:20)[1]

En el Salmo 2:1, David utiliza la palabra que a menudo se aplica a los mares embravecidos:

> ¿Por qué se alborotan las naciones [o «enfurecen», RVR]
> y los pueblos maquinan cosas vanas?

El cristianismo ofrece lo contrario:

> Justificados, pues, por la fe, tenemos *paz* para con Dios por medio de nuestro Señor Jesucristo. (Ro 5:1)[2]

La ausencia del Templo

En la visión de Juan de la Jerusalén de la nueva creación no aparece el Templo, tan familiar para el pueblo del pacto de Dios desde los tiempos

---

[1] Cp. Is. 8:7ff; 23:10; Je. 6:23; 46:7; Ez 9:10.
[2] Cp. Lc 2:14; Ef 2:12ff; Fi 4:7, 9.

de Salomón (950 a.C.). Inicialmente, Juan enmarca la visión en términos del tabernáculo:

> Y oí una gran voz desde el trono, que decía: «He aquí que el tabernáculo de Dios está entre los hombres, y Él habitará entre ellos, y ellos serán su pueblo, y Dios mismo estará entre ellos». (Ap 21:3).

Finalmente, sustituye la imagen del tabernáculo por la del Templo, mostrando que ya no será necesario un templo físico:

> Y no vi templo en ella, porque el Señor Dios, el Todopoderoso, y el Cordero, son su templo. (Ap 21:22)

Aunque Dios estableció su Templo santo como el centro del culto para su pueblo del antiguo pacto, con la llegada del nuevo pacto desestablece el sistema externo del Templo. La Novia-Iglesia *es* el tabernáculo-Templo de Dios (Ap 21:3) porque Dios habita en ella, y no se necesita un templo literal (Ap 21:22; cf. Ef 2:19-22; 1 Co 3:16; 6:19; 2 Co 6:16; 1 Pe 2:5, 9). La antigua Jerusalén, con su templo físico "hecho de manos", desaparecerá cuando la sustituya la nueva Jerusalén sin templo (He 8:13; 9:11, 24; 12:18-28). Esto finaliza en el año 70 d.C.

La eliminación del dolor

El Apocalipsis promete a la Novia de la Nueva Creación:

> Enjugará toda lágrima de los ojos de ellos; y ya no habrá muerte; no habrá más llanto, ni clamor, ni dolor; las primeras cosas pasaron. (Ap 21:4)

En la Nueva Creación *consumada*, por supuesto, esto llegará a su plena y perfecta fruición cuando entremos en la dicha eterna en nuestros cuerpos resucitados (Mt 25:34). No obstante, en el presente orden redentor de la Nueva Creación basado en el Evangelio, experimentamos esto *en principio*.

Cuando nos enfrentamos a la pérdida de un ser querido en la muerte, "no nos entristecemos como los demás que no tienen esperanza" (1 Ts 4:13). Para el cristiano, la muerte ha *perdido* su "aguijón" (1 Co 15:55-58). De hecho, Santiago incluso instruye a los cristianos: "Hermanos míos, tened por sumo gozo cuando os enfrentéis a diversas pruebas, sabiendo que la prueba de vuestra fe produce resistencia. Y que el aguante tenga su resultado perfecto, para que seáis perfectos y completos, sin que os falte nada". (Sg 1:2-4) Pablo puede escribir desde la cárcel a los cristianos: "Alegraos en el Señor siempre" (Fl 4:4) porque podemos "hacer todas las cosas por medio de Aquel que nos fortalece". (Fl 14:13)

La provisión de la salvación plena y gratuita

El Señor Jesús le habla directamente a Juan con una palabra de salvación para todo el pueblo de Dios. Esta provisión es comparada con el agua y la comida de Dios:

> Y me dijo: Hecho está. Yo soy el Alfa y la Omega, el principio y el fin. Al que tenga sed, le daré gratuitamente de la fuente del agua de la vida». (Ap 21:6)

> Y me mostró un río de agua de vida, claro como el cristal, que salía del trono de Dios y del Cordero, en medio de su calle. Y a uno y otro lado del río estaba el árbol de la vida, que daba doce clases de frutos y daba su fruto cada mes; y las hojas del árbol eran para la sanidad de las naciones. Y ya no habrá maldición; y el trono de Dios y del Cordero estará en ella, y sus siervos le servirán. (Ap 22:1-3)

Esto comienza muy claramente en el presente orden de pre-consumación, pues el Señor informa a la mujer en el pozo que le ofrece "agua que salte para vida eterna". (Jn 4:14) Él vincula específicamente esta gloriosa esperanza con la efusión pentecostal del Espíritu, que ocurre en Hechos 2:

> El que cree en Mí, como dice la Escritura, "de su interior brotarán ríos de agua viva". Pero esto lo decía del Espíritu, que habían de recibir los que creyesen en Él; pues el Espíritu aún no había sido dado, porque Jesús todavía no había sido glorificado. (Jn 7:38-39)

En Juan 6:33-35, nuestro Señor enseña a las multitudes con respecto al "pan de vida":

> "Porque el pan de Dios es el que desciende del cielo y da vida al mundo. Le dijeron, pues: 'Señor, danos siempre este pan'. Jesús les dijo: 'Yo soy el pan de vida; el que viene a mí no tendrá hambre, y el que cree en mí no tendrá sed jamás'».

Por supuesto, todo esto llega a ser pleno y perfecto en la eternidad, pero comienza en principio entre el pueblo de Dios en el primer siglo y continúa incluso ahora. Y no debemos pasar por alto el hecho de que las imágenes del Apocalipsis que coinciden con las del Evangelio de Juan están registradas por el mismo Apóstol: Juan. Los paralelismos son sorprendentes; la evidencia de las disposiciones contemporáneas es convincente.

La gloria de la esposa de Cristo, la Iglesia

El Apocalipsis presenta ahora imágenes gloriosas que, en última instancia, reflejan nuestro hogar celestial como Iglesia victoriosa. Pero, de nuevo, esto se aplica a la Iglesia militante, ya que aparece ante los ojos de Dios incluso mientras existe en la tierra. Juan habla de la Iglesia en términos exaltados:

> Y uno de los siete ángeles que tenían las siete copas llenas de las siete últimas plagas, vino y habló conmigo, diciendo: «Ven aquí, te mostraré la esposa, la mujer del Cordero». Y me llevó en el Espíritu a un monte grande y alto, y me mostró la santa ciudad, Jerusalén, que descendía del cielo, de Dios, teniendo la gloria de Dios. Su resplandor era como una piedra muy costosa, como una piedra de jaspe cristalino. Tenía un muro grande y alto, con doce puertas, y en las puertas doce ángeles; y en ellas estaban escritos los nombres de las doce tribus de los hijos de Israel. Había tres puertas al oriente y tres puertas al norte y tres puertas al sur y tres puertas al occidente. Y el muro de la ciudad tenía doce piedras angulares, y en ellas estaban los doce nombres de los doce apóstoles del Cordero. Y el que hablaba conmigo tenía una vara de medir de oro para medir la ciudad, sus puertas y su muro. Y la ciudad está trazada como un cuadrado, y su longitud es tan grande como su anchura; y midió la ciudad con la vara, mil quinientas millas; su longitud y anchura y altura son iguales. Y midió su muro, setenta y dos yardas, según las medidas humanas, que son también medidas angélicas. Y el material de la muralla era jaspe; y la ciudad era de oro puro, como vidrio transparente. Los cimientos de la muralla de la ciudad estaban adornados con toda clase de piedras preciosas. La primera piedra era de jaspe; la segunda, de zafiro; la tercera, de calcedonia; la cuarta, de esmeralda; la quinta, de sardónica; la sexta, de sardio; la séptima, de crisólito; la octava, de berilo; la novena, de topacio; la décima, de crisoprasa; la undécima, de jacinto; la duodécima, de amatista. Y las doce puertas eran doce perlas; cada una

de las puertas era una sola perla. Y la calle de la ciudad era de oro puro, como vidrio transparente. (Ap 21:9-21)

Extraeré y reflexionaré sobre diversos elementos de esta extensa descripción, mostrando su realidad contemporánea. Aunque Juan los presenta en *forma ideal*, existen en *principio espiritual* en el presente, como muestra el Nuevo Testamento en otros lugares.

La Iglesia como luz. La esposa de Cristo brilla resplandeciente como la luz en la tierra (Ap 21:11, 23). De hecho, esta es su vocación divina.

Es la luz del mundo. Una ciudad asentada sobre un monte no puede ocultarse. Ni se enciende una lámpara para ponerla debajo de la pica, sino sobre el candelero, y alumbra a todos los que están en la casa. Brille así vuestra luz delante de los hombres, para que vean vuestras buenas obras y glorifiquen a vuestro Padre que está en los cielos. (Mt 5:14-16)

Porque así nos ha mandado el Señor: «Te he puesto por luz de los gentiles, para que lleves la salvación hasta lo último de la tierra». (Hc 13:47)

No os juntéis con los incrédulos; porque ¿qué compañerismo tienen la justicia y la iniquidad, o la luz con las tinieblas? (2 Co 6:14)

Porque antes erais tinieblas, pero ahora sois luz en el Señor; andad como hijos de luz (porque el fruto de la luz consiste en toda bondad, justicia y verdad). (Ef 5:8-9)

La Iglesia como algo valioso. El Apocalipsis describe a la Iglesia como algo tan valioso para Dios como el oro y las joyas. (Ap 21:19-21) Esto también recoge la revelación del Nuevo Testamento respecto a su posición ante los ojos de Dios, pues los cristianos realizan obras evangélicas que glorifican el nombre de Dios y ejercen una fe que refleja su valor ante Dios.

Y si alguno edificare sobre el fundamento con oro, plata, piedras preciosas ... (1 Co 2:12)

La prueba de vuestra fe, siendo más preciosa que el oro que es perecedero, aunque se pruebe con fuego, puede resultar en alabanza, gloria y honor en la revelación de Jesucristo. (1 Pe 1:7)

> Y acercándoos a él como a una piedra viva, desechada por los hombres, pero escogida y preciosa a los ojos de Dios, también vosotros, como piedras vivas, estáis siendo edificados como casa espiritual para un sacerdocio santo, a fin de ofrecer sacrificios espirituales aceptables a Dios por medio de Jesucristo. Porque esto está contenido en la Escritura: "He aquí que pongo en Sion una piedra escogida, una piedra angular preciosa, y el que crea en Él no quedará defraudado". Este valor precioso, pues, es para vosotros que creéis. Pero para los que no creen, "La piedra que desecharon los constructores, esta se convirtió en la piedra angular". (1 Pe 2:4-7)

La Iglesia segura. La esposa de Cristo no queda en una situación desesperada, indefensa en un mundo de infortunio, insegura de su futuro. Por el contrario, tiene en Cristo un fundamento seguro y unos muros inexpugnables. (Ap 21:12-21) Isaías profetiza el futuro glorioso de la Iglesia, a pesar de los problemas actuales del Israel literal de su tiempo:

> En aquel día se cantará este cántico en la tierra de Judá: "Tenemos una ciudad fuerte; Él levanta muros y murallas de seguridad". (Is 26:1)

> No se volverá a oír violencia en tu tierra, ni devastación ni destrucción dentro de tus fronteras; Pero llamarás a tus muros salvación, y a tus puertas alabanza. (Is 60:18)

Cuando Jesús establece la fase del nuevo pacto de la Iglesia, destaca su estabilidad:

> "Y yo también te digo que tú eres Pedro, y sobre esta roca edificaré mi Iglesia; y las puertas del Hades no la vencerán". (Mt 16:18)

Esto se debe a que su fundamento último está en Cristo

> Él es la piedra que desechasteis vosotros, los constructores, pero que llegó a ser la piedra angular. (Hc 4:11)

> Conforme a la gracia de Dios que me fue dada, como sabio maestro de obras puse los cimientos, y otro edifica sobre ellos. Pero que cada uno tenga cuidado de cómo construye sobre él. Porque nadie puede poner otro fundamento que el que está puesto, que es Jesucristo. (1 Co 3:10-11)

LA NUEVA CREACIÓN Y LA IGLESIA

Pablo lo ilustra poderosamente para los Efesios:

> Vosotros...sois de la casa de Dios, edificados sobre el fundamento de los apóstoles y profetas, siendo la piedra angular Cristo Jesús mismo, en quien todo el edificio, bien coordinado, va creciendo para ser un templo santo en el Señor; en quien vosotros también sois juntamente edificados para morada de Dios en el Espíritu. (Ef 2:19-22)

La influencia de la Iglesia. Debido a las provisiones de Dios para su esposa, su gloria ante Él y sus fundamentos seguros, le promete una enorme influencia en el mundo. (Ap 21:16) Será «exaltada sobre los montes», de modo que «todas las naciones afluirán» a ella. (Is 2:2-4) Será como una pequeña ramita que crece hasta convertirse en un gran y alto cedro que ofrece sombra protectora (Ez 17:22-24) o un arroyo creciente de Dios que inunda el mundo. (Ez 47:1-11) Es una piedra que se convierte en una montaña que vence toda oposición (Dn 2:31-35). Es una semilla expansiva que crece hasta alcanzar grandes proporciones y una levadura que lo penetra todo.(Mt 13:31-32) A causa de estas promesas proféticas, su Señor la comisiona sobre la base de su autoridad universal para "hacer discípulos a todas las naciones" (Mt 28:18-20), porque "Dios no envió a su Hijo al mundo para juzgar al mundo, sino para que los hombres se salven por él". (Jn 3:17)

La Iglesia como sanadora. Su influencia entre las naciones tracrá sanidad (eliminación de la maldición), salvación y luz:

> A uno y otro lado del río estaba el árbol de la vida, que daba doce tipos de fruto y daba su fruto cada mes; y las hojas del árbol eran para la curación de las naciones. Y ya no habrá maldición; y el trono de Dios y del Cordero estará en ella, y sus siervos le servirán; y verán su rostro, y su nombre estará en sus frentes. Y ya no habrá noche; y no tendrán necesidad de luz de lámpara ni de luz del sol, porque Dios el Señor los iluminará; y reinarán por los siglos de los siglos. (Ap 22:2-5)

De las Escrituras se desprende que Cristo inicia estas bendiciones del nuevo pacto durante su ministerio terrenal. Isaías profetizó que el Mesías traería la curación salvífica a las naciones (Is 53:5). Cuando Jesús llega en el siglo I, viene a sanar (1 Pe 2:24) y a liberar a los hombres de la esclavitud (Lc 4:18; Jn 8:34-36; Hc 26:18; Ro 6:6, 18, 22; Gá 5:1) y la maldición. (Ro 5:21; 7:24-25; Gá 3:10-13)

Conclusión

Probablemente las dos imágenes más familiares del Apocalipsis son la Bestia, que amenaza con grandes males a los hombres, y el Milenio, que promete grandes bendiciones de Cristo. En el último capítulo me centré en el reinado milenario de Cristo, y luego, en este capítulo, consideré la Nueva Creación, ambas son gloriosas promesas del Apocalipsis.

Anteriormente señalé que el "reinado milenario de Cristo" es un símbolo de su extenso reinado redentor. Comienza en el siglo I, cuando es exaltado a la diestra de Dios y continúa hasta su Segunda Venida. Su reinado incluye la atadura de Satanás para que el Evangelio pueda tener efecto en todo el mundo. En lugar de ser un reino político que impone un gobierno burocrático a un mundo recalcitrante, su reinado es una obra espiritual de redención en los corazones y las vidas de los hombres. Una gloriosa característica espiritual de su gobierno redentor es el poder del Evangelio para sacar a los hombres de un estado de muerte espiritual y llevarlos a la vida eterna. Juan presenta esto como una resurrección, no solo en Apocalipsis 20, sino en otros lugares de sus escritos.

Tras la revelación del reino milenario, Juan pinta un cuadro glorioso de la redención efectuada por Cristo: Inicia en principio semilla la Nueva Creación, la cual desemboca finalmente en el orden eterno consumado, pleno y perfecto. Juan presenta a la Iglesia de Jesucristo en forma ideal y en efecto protensivo, venciendo a sus enemigos. Su orden de salvación supera la condición pecaminosa del hombre y establece un hogar para los santos en la historia, con vistas a la conquista histórica de los corazones de los hombres caídos.

Aunque estos rasgos del Apocalipsis son gloriosos, no son ampliamente comprendidos en la comunidad evangélica moderna. Sin embargo, cuando examinamos los paralelismos bíblicos encontramos amplias pruebas de su comienzo en el siglo I. El punto de vista preterista -exigido por los indicadores a corto plazo de Juan- proporciona una comprensión coherente del gobierno de Cristo sobre sus enemigos y a través de su Iglesia.

Conclusión

A lo largo de nuestro estudio he presentado material esencial para leer y comprender el Apocalipsis. Dado que estos principios e ideas no son ampliamente comprendidos entre los evangélicos modernos, el Apocalipsis es en gran medida *incomprendido*. Sigue siendo un libro sellado para la Iglesia contemporánea ¡en contra de la directiva angelical de que no debe ser sellado!. (Ap 22:10)

Principios básicos

En los capítulos 1 y 2, presento los principios básicos que deben guiarnos en nuestra comprensión del Apocalipsis. El lector moderno de este libro debe comprender que Juan expresa claramente que sus acontecimientos "deben suceder pronto" (Ap 1:1; 22:6) porque "el tiempo está cerca". (1:3; 22:10) Cualquier enfoque del Apocalipsis que intente proyectar las profecías hacia un futuro lejano, a miles de años de distancia, contradice expresamente las declaraciones iniciales y finales de Juan.

Además, debemos ver que Juan presenta sus profecías en forma simbólica: son "enviadas y comunicadas [literalmente: *significadas*]". (Ap 1:1) Además de la declaración inicial directa de Juan, aprendemos de dos maneras que sus profecías no deben interpretarse literalmente: *(1)* En su primera visión, muestra que las imágenes representan algo más allá de ellas mismas. Las siete estrellas representan a los "ángeles de las siete iglesias" y los siete candelabros representan a las "siete iglesias". Continúa proporcionando tales ejemplos de forma regular (por ejemplo,

5:6, 8; 17:9-10, 12, 15). *(2)* Muchas de sus imágenes serían claramente absurdas si se tomaran al pie de la letra: imágenes como la bestia de siete cabezas (13:1), langostas con rostro de hombre (9:7), una mujer alada de pie sobre la luna (12:1), una ramera ebria de sangre (17:6) y otras más.

También debemos tener presente el tema declarado por Juan. En Apocalipsis 1:7, declara que Cristo viene a juzgar a los responsables de su crucifixión, las tribus de la Tierra:

> He aquí que viene con las nubes, y todo ojo le verá, aun los que le traspasaron; y todas las tribus de la tierra harán duelo por él.[1]

Esta afirmación temática retoma el pronunciamiento de Cristo en su Discurso de los Olivos, pronunciado tras su ceremoniosa y dramática salida del templo (Mt 23:37-38; 24:1):

> Entonces aparecerá en el cielo la señal del Hijo del Hombre, y entonces lamentarán todas las tribus de la tierra, y verán al Hijo del Hombre que viene sobre las nubes del cielo con poder y gran gloria. (Mt 24:30)

Curiosamente, la declaración de Cristo también está vinculada a su generación, al igual que la de Juan:

> En verdad os digo que no pasará esta generación hasta que sucedan todas estas cosas. (Mt 24:34)

A medida que seguimos el desarrollo del tema del Apocalipsis, aprendemos que Juan presenta un drama forense en el que Dios se divorcia con juicio de su esposa del antiguo pacto (Israel) para tomar una nueva esposa. Las visiones principales se abren con la visión de Dios sentado en su trono. (Ap 4:2) A lo largo del Apocalipsis, Juan presenta a Dios como "el que está sentado en el trono". (4:2, 3, 9, 10; 5:13; 6:16; 7:10, 15; 19:4; 21:5) Desde su trono, emite una orden de divorcio (5:1) que Cristo toma (5:7) y abre (6:1). Al abrirse el rollo del divorcio, presenciamos cómo Israel es castigada capitalmente por su infidelidad matrimonial (6:1-19:2, con interludios), pues aparece como una ramera (17:1, 5, 15; 19:2). Luego vemos a una nueva esposa (la Iglesia) que desciende del cielo para ocupar su lugar (21:2). Ella es la

---

[1] Cp. Hechos 2:22-23, 36; 3:13-15a; 4:10; 5:28, 30; 7:52; 10:39; 13:27-29; 26:10.

«nueva Jerusalén» que sustituye a la antigua Jerusalén (21:2); ya no necesita un templo porque Cristo trae la presencia de Dios a su pueblo. (21:22)

PERSONAJES Y ACCIONES CLAVES

En el curso de su drama, Juan señala una bestia marina que representa al Imperio romano y, en particular, a Nerón César, el primer perseguidor romano de la Iglesia (Ap 13:1ss) La esposa infiel de Dios, Jerusalén / Israel, se alía con Roma contra Cristo y sus seguidores: es como una ramera sentada sobre la bestia. (17:3, 7) Esto retoma la deferencia de Israel hacia el César al rechazar a Cristo y a sus seguidores. (cp., Jn 19:12, 15; Hc 17:7; cp. Hc 4:27; 16:20; 18:12; 21:11; 24:1-9; 25:1-2)

Al ilustrar la ocurrencia de estos sucesos en el siglo I, demostramos que los juicios enmarcados apocalípticamente pueden aplicarse fácilmente a la destrucción de Jerusalén en el siglo I durante la Guerra judía contra Roma. Documentamos muestras de los juicios históricos a partir de los escritos del historiador judío del siglo I, Josefo.

Por último, exponemos los *resultados* de la agitación que rodeó el divorcio de Israel como pueblo de Dios en el siglo I. Se establece el orden final, que es el reino de Cristo. Este aparece bajo la imagen de su reinado de 1000 años sobre el mundo (Ap 20:1-6; cp. 1:6; 5:10) y como una irrupción de los principios de la nueva creación de la salvación del reino. (21:1; cp. Is 65:17-20; 2 Co 5:17; Gá 6:15) Concluido el antiguo pacto, el nuevo pacto trae la presencia directa de Dios (en contraposición a una presencia basada en el templo) y el orden redentor final. El cristianismo está aquí a largo plazo.

CONCORDANCIA CON EL NUEVO TESTAMENTO

Básicamente, el Apocalipsis es una presentación dramática de algunos temas básicos desarrollados en el Nuevo Testamento. Estos temas son la llegada de un nuevo pacto como orden redentor final, el cual aparece en Cristo, y la desaparición del orden del antiguo pacto (el sistema del templo) y del pueblo (Israel), que rechazó a Cristo y su nuevo orden. Estos temas corolarios aparecen abundantemente en el Nuevo Testamento.

Los Evangelios sinópticos registran que cuando se anuncia por primera vez la aparición de Cristo, los gentiles son los que "vienen a adorarlo", aunque "toda Jerusalén" estaba "turbada". (Mt 2:1-3) Cuando Cristo inicia su ministerio declara que su reino del nuevo pacto "está cerca". (Marcos 1:15) Pero debido a su venida y al nuevo orden que representa, la vieja vestidura de Israel no puede simplemente remendarse para adaptarse a él; las limitaciones de odre viejo de Israel y su culto basado en el templo no podrán contener sus glorias: se necesitarán odres nuevos. (Mt. 9:16-17) Aunque Jesús centra su ministerio terrenal en Israel (Mt 10:6; 15:24), advierte a sus discípulos de que Israel acabará rechazándolo (Mt 16:21; 20:18) persiguiéndolos (Mt 10:16-17; 23:34-37) hasta que venga en juicio. (Mt 10:23; 17:22; 20:18; 24:2, 16, 30-34) Como no reconocieron a su Mesías ni su mensaje (Mt. 23:38; Lc 19:42, 44), serán juzgados y el reino se les entregará a los gentiles. (Mt 8:10-12; Lc 19:41-44; 21:20-24)

Muchas de las últimas acciones y parábolas de Jesús se desarrollan en Jerusalén y tienen que ver con el rechazo de Israel y su consiguiente juicio. La purificación del templo por parte del Señor fue una profecía actuada (denominada «teatro profético» por los eruditos bíblicos) del derrocamiento del templo, que se había convertido en una cueva de ladrones (Mt 21:12-13), al igual que su maldición de la higuera estéril, que representaba a Israel (Mt 21:18-20). Marcos incluso entrelaza la limpieza del templo y la maldición de la higuera para mostrar su conexión (Mc 11:11-24). La parábola del terrateniente muestra a Dios tendiéndole repetidamente la mano a Israel a través de los profetas, para finalmente ser rechazado cuando matan a su Hijo. (Mt 21:33-45) Por eso, "el reino de Dios os será quitado y será dado a una nación que produzca su fruto". (Mt 21:43)

El llamado de Dios a Israel se asemeja a una invitación a un banquete de bodas que fue rechazada, lo cual provocó que la ira del rey destruyera su ciudad. (Mt 22:1-14) Cristo denuncia enérgicamente a los fariseos como continuadores de la rebelión de sus padres de antaño (23:1-32). El resultado será la persecución de sus seguidores y su próximo juicio en el año 70 d.C. (Mt 23:33-36) Como resultado de esta última palabra a Israel, Jesús lamenta su rechazo (Mt 23:37), abandona el templo, dejándolo "desolado" (Mt 23:38; 24:1) y luego profetiza la destrucción del templo (Mt 24:2) y la desolación de Jerusalén (Mt 24:16ss; Lc 21:20-24) en esa generación del siglo I (Mt 24:34). Como resultado de la infidelidad y el rechazo de Israel, Cristo da una Gran Comisión que conducirá al bautismo y discipulado de "las naciones". (Mt 28:18-20)

CONCLUSIÓN

El Evangelio de Juan nos informa de que Cristo vino a los suyos, quienes no lo recibieron. (Jn 1:11) De hecho, eran de "su padre el diablo" (Jn 8:44; Ap 2:9; 3:9) y lo rechazaron en favor del César. (Jn 19:12, 15) Como consecuencia, se acercaba el tiempo en que el templo ya no sería necesario (Jn 4:21, 23; cp. Mt 12:6), lo que daría lugar a abundantes bendiciones para todo el mundo de los hombres. (Jn 3:17; 12:31-32)

En Hechos, trazamos el movimiento del Evangelio desde Jerusalén hasta los confines del mundo de aquel tiempo. (Hc 1:8) Aunque al principio la Iglesia apostólica gana conversos de Israel (Hc 2:41; 4:4; 6:7), al final tiene que salir de allí e ir a los gentiles. (Hc 13:46; 18:6) Descubrimos la razón de esto puesto que Hechos es prácticamente un registro de la implacable persecución judía del cristianismo (Hc 4:1-3, 15-18; 5:17-18, 27-33, 40; 6:12-15; 7:54-60; 8:1; 9: 1-4, 13, 21, 23, 29; 12:1-3; 13:45-50; 14:2-5, 19; 17:5-8, 13; 18:6, 12, 17; 20:3, 19; 21:11, 27-32; 22:3-5, 22-23; 23:12, 20-21; 24:5-9, 27; 25:2-15; 25:24; 26:21; 28:17-29). La Iglesia apostólica declara repetidamente a Israel responsable de la muerte de Cristo. (Hc 2:22-23, 36; 3:13-15a; 4:10; 5:28, 30; 7:52; 10:39; 13:27-29; Hc 26:10)

Aunque no ocuparé el espacio necesario para rastrear estos temas en otras porciones del Nuevo Testamento, señalaré brevemente que el antiguo pacto está desapareciendo y el nuevo pacto lo está sustituyendo. (2 Co 3; He 8:13; 12:22-29) En el Apocalipsis, Juan retoma estos temas y los presenta en un dramático formato judicial. El cristianismo del nuevo pacto es el nuevo acercamiento a Dios; Israel ha sido rechazado como pueblo favorecido de Dios.